小红书
运营实战一本通
账号运营 + 内容策划 + 推广引流

云 蔓——著

清华大学出版社
北　京

内 容 简 介

小红书这么火为什么在小红书上发笔记无人问津？如何在小红书做好账号运营和变现……这是困扰许多想在小红书做账号运营的个人、创业者、商家和品牌的问题。

操作小红书不难，但不掌握一些运营技巧，很难实现商业盈利。本书涵盖个人品牌的建立、爆款内容的打造、运营涨粉的方法、商业变现的技巧等方面，内容详尽且实操性极强。无论你是想要入门小红书运营的新手，还是摸索许久却不得其法的老用户，看这一本书就够了，可以省去你很多时间寻找答案。

本书是一本可以随时查阅的工具书，适合小红书的品牌商家、创业者、电子商务从业者参考学习，也可作为企业电商岗位培训教材，还可供小红书相关从业人员参加就业培训、岗位培训使用。

图书在版编目(CIP)数据

小红书运营实战一本通：账号运营＋内容策划＋推广引流 / 云蔓著 . —北京：清华大学出版社，2022.1
　　ISBN 978-7-302-59896-1

　　Ⅰ . ①小… 　Ⅱ . ①云… 　Ⅲ . ①电子商务—运营管理 　Ⅳ . ① F713.365.1

中国版本图书馆 CIP 数据核字 (2022) 第 010631 号

责任编辑：顾　强
装帧设计：方加青
责任校对：王荣静
责任印制：杨　艳

出版发行：清华大学出版社
　　　　　网　　址：http：//www.tup.com.cn，http：//www.wqbook.com
　　　　　地　　址：北京清华大学学研大厦 A 座　　　**邮　　编：**100084
　　　　　社 总 机：010-83470000　　　　　　　　**邮　　购：**010-62786544
　　　　　投稿与读者服务：010-62776969，c-service@tup.tsinghua.edu.cn
　　　　　质 量 反 馈：010-62772015，zhiliang@tup.tsinghua.edu.cn
印 装 者：三河市东方印刷有限公司
经　　销：全国新华书店
开　　本：148mm×210mm　　　**印　　张：**9.75　**字　　数：**225 千字
版　　次：2022 年 3 月第 1 版　　　**印　　次：**2022 年 3 月第 1 次印刷
定　　价：65.00 元

产品编号：094589-01

前　言

受社会环境的影响，在线新经济崛起，随之而来的是人们生活方式的改变。"云旅游""云逛街""云聚会""云养娃"等"云生活"模式已经成为大多数人当前生活、工作的现状。

"云生活"模式的兴起和发展，必将带来新一波的经济风口，风口之上，谁将引领潮头？

作为国内最大的生活方式分享社区，小红书深知这是它的机会。其创始人瞿芳不止一次在公开场合表示，当前的中国正在经历一场从"生活"到"生活方式"的升级，而小红书不仅要做见证者，更要成为生活方式的引领者。

生活方式是谁的生活方式？显然不是小红书平台，而是平台上的用户。所以，与其说这是小红书的机会，倒不如说是小红书用户的机会。

为了鼓励更多的用户在平台上分享自己的生活方式，小红书在这方面作出了巨大的努力，比如独创性地提出了 B2K2C 模式[①]。平台作为中间人，搭建起一座品牌和用户合作的桥梁，让平台上的用户在分享自己生活方式的同时获得一定的收益。

---

① B2K2C 模式：B 代表品牌、K 代表 KOC（关键意见消费者）、C 代表用户，具体是指品牌通过 KOC 的真实体验和分享，在社区树立口碑，从而影响更多用户的消费行为。

很多数据证明，的确有很多人通过运营小红书账号尝到了"甜头"。

根据新榜数据发布的《小红书营销洞察报告（2021年上半年）》，2021年上半年统计到入驻蒲公英平台的达人有5.2万人以上，其中2万以上的人在2021年上半年与品牌有过商业笔记合作，占比39%。而且品牌在小红书投放的广告费用也有所提高，截至2021年6月，小红书平台每一千个粉丝的投放价值已经上涨到了98.7元。

其实，除了B2K2C模式，小红书自2013年成立以来，就一直致力于为其内容生产者提供一系列的有利条件。比如，2021年8月，小红书上线了全新的"号店一体"机制，带来包括"零门槛开店""BC直连""月销万元以下商家免收佣金"等新变化。关于为什么要做出这样的改变，小红书开放平台和电商负责人杰斯表示，这样做是小红书官方想要给更多的中小商家和普通人在平台上"掘金"的机会。

相较于其他平台，小红书在给新人机会这一点上其实是不遗余力的，不管是降低门槛还是给予流量扶持，新手运营小红书账号都有诸多机会。

但是，正所谓"理想很丰满，现实很骨感"，即便小红书通过一些优惠条件为运营者提供了机会，仍然会有一些运营者有所抱怨，他们宣称小红书平台根本就没有给普通人提供发展的机会和空间。

其实，并非是小红书平台上没有发展机会，而是这些人根本不知道该怎么通过运营小红书账号来抓住机会。

因为不知道如何正确运营小红书账号，有的博主运营好几年都创作不出一篇"拿得出手"的笔记，粉丝数量也迟迟不见增长；有的博主虽然有一两篇爆款笔记，但因为不具备持续输出的能力，很快就湮没在浪潮之中；还有的博主虽然拥有好几万，甚至好几十万的粉丝，却不知道该怎么变现，从而几乎没有收益……

作为"过来人"，这些"痛苦"我都经历过，包括运营小红书账号，我也是做了好几个号之后才慢慢有了体会。因为有过同样的经历，所以我更能理解他们，当有了一定的经验之后，我便非常真诚地想要将我所掌握的知识传递出去。

此前，我一直在小红书平台上发布与之有关的笔记，受到了很多用户的欢迎。我也受到小红书官方的邀请，在小红书平台上开通了直播课程，和学员进行实时互动。但无论是笔记还是直播，传播范围都较为有限，我知道其实还有更多的人想要知道运营小红书账号的方法。

和朋友讨论之后，我决定以图书的形式，系统、全面地向读者展示运营小红书的方法，让更多的人在入局之时能够不再那么迷茫。

本书具有以下特色：

【语言简练、条理清晰】本书共分成六大板块，从小红书平台当前的发展状况切入，详细介绍了创建账号、建立品牌、打造爆款、运营账号以及商业变现的具体操作方法，每一部分的脉络结构都非常清晰且语言简练，能够让大家在短时间内掌握更多的知识。

【案例丰富、通俗易懂】本书在撰写的过程中融入大量的案例，对当前小红书平台上一些比较火爆的达人进行了细致的分析，也从中总结出了很多有用的经验，非常通俗易懂。

【内容翔实、实操性强】本书在撰写每个部分的内容时，都对具体的操作方法进行了详细介绍，并以图示的方法加以说明，便于读者理解，实操性非常强。

本书是一本可以随时查阅的工具书，适合小红书的品牌商家、创业者、电子商务从业者参考学习，也可作为企业电商岗位培训教材，还可供小红书相关从业人员参加就业培训、岗位培训使用。

正如法国作家罗曼·罗兰所说："如果有人错过机会，多半不是机会没有到来，而是因为等待机会者没有看见机会到来，而且机会过来时，没有一伸手就抓住它。"

机会就在眼前，你能抓住吗？

目　录

第 4 章　内容：打造爆款笔记的秘诀　/　125

第 1 章

入门：快速了解小红书平台

所谓"知己知彼，百战不殆"，想要运营好小红书账号，首先就要全面了解小红书平台，知道它的发展现状和发展趋势，清楚它的用户画像，明确它的算法机制。

1.1 "两条腿"走路的小红书

大部分移动互联网平台成立的前期,其运营方向基本都是如何把"盘子"做大,如何吸引更多的用户,并让用户对平台产生依赖。当拥有足够多的忠实用户之后,多数移动互联网平台的运营方向就变成了如何才能更好地将商业模式落地,即如何实现商业变现。

对于电商平台来说,商业变现是非常容易的,因为"一手交钱,一手拿货"已是千百年来形成的体系,大众对此也是完全接受的。但是对于内容社区尤其是垂直内容社区来说,这一点却是比较难做到的,因为如果不能平衡好内容和商业,内容社区就很容易被大众贴上"得寸进尺"的标签,很有可能因为商业化进程太过激进,让之前好不容易打好的用户基础瞬间化为乌有。

为了不让商业化变成无源之水、无本之木,小红书很早就开始了这方面的布局,并且非常有先见之明地提出了"两条腿"走路的概念,即"社区+电商"。在保证社区内容调性的基础上,小红书引入了电商板块,让用户在社区完成商品"种草"后可以直接在电商板块进行购买,从而帮助平台实现商业变现。

1.1.1 没有"围墙"的社区

2021 年 8 月 3 日,小红书某用户在平台上发布了一篇笔记,主题是询问第一次见男友家长的穿搭是否合适。这篇笔记发布后没多久, 就陆续收到了 1000 多个点赞和 300 多条评论, 网友们纷纷为其建言献策, 如图 1-1 所示。

图 1-1　小红书某笔记截图

事实上, 这早已经成为小红书平台的常态, 如今有越来越多的用户如上面这位博主一样, 把小红书当作"生活百科全书"来使用。小红书也逐渐成为覆盖彩妆、护肤、旅游、健身、美食、装修、购物等各个领域的生活方式分享社区。

仍然拿上面这个例子来说, 这篇笔记的评论区除了有给博主建言献策的评论, 还有一些评论是在询问博主衣服的链接, 想要购买同款。这种用户和博主之间的互动行为典型展现了小红书特有的调性和价值观: 真诚分享、友好互动, 也恰到好处地印证了小红书独有的互动式社区文化氛围。

从 2013 年创立至今，小红书的发展一直没有离开过"社区"二字，"社区"始终是小红书区别于其他平台的核心竞争力。无论是一开始的分享海外购物经验，还是现在的分享生活方式，小红书的"社区"属性一直很明显，这一点从它的口号由之前的"找到全世界的好东西"变为"标记我的生活"就能看出来。

由此不难得出结论，"社区"是支撑小红书前进的第一条强健"大腿"。而且随着小红书用户越来越多，用户的需求也在不断发生着变化，小红书平台也在不断进行调整以适应这种变化。

千瓜数据（小红书数据分析平台）在 2021 年"6·18"后对小红书平台的整体数据进行了一次较为全面的分析，如图 1-2 所示。

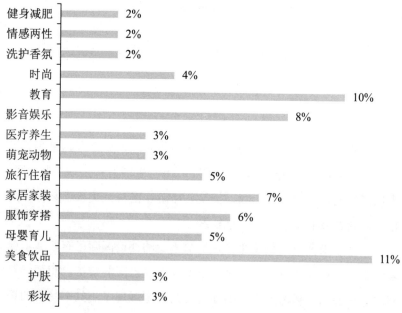

图 1-2　小红书各行业"种草"笔记数据（2021 年 4 月 1 日至 6 月 20 日）

报告显示，2021 年 4 月 1 日至 6 月 20 日，小红书平台上所有的"种草"笔记 ① 中，美食饮品是最突出的一个品类，占比 11%；其次是教育品类，占比 10%；影音娱乐品类的占比也比较大，达到 8%。另外，"种草"笔记所涉及的热门品牌涵盖了配饰、服装、文创等领域。

这一数据其实打破了很多人对小红书的印象，在这些人的潜意识里，小红书一直是一个以彩妆、护肤、穿搭等相关内容为主的社区平台，可在此次调研中，彩妆和护肤这两个品类的"种草"笔记加起来占比才达 6%，这是为什么呢？

事实上，小红书几年前就已经开始了多元化的布局。早在 2020 年 2 月，小红书美食类内容的 DAU（Daily Active User，日活跃用户数量）就已经超过了美妆，成为小红书社区的第一大垂直品类。

不单是美食内容，目前小红书平台已经覆盖了生活的各个领域。千瓜数据发布的另一组数据可以说明这一点：2020 年小红书平台发布的所有笔记中，教育类内容同比增长 400%；科技数码类内容增长 500%；体育赛事类内容增长 1140%；运动健身类内容增长 300%；情感类内容增长 711%。这些数据足以说明，小红书的社区内容是不设边界、没有"围墙"的，无论多么小众的内容，小红书的分发机制都能为之匹配到感兴趣的用户。

小红书的创始人瞿芳对此曾表示，社区不是内容的集合，而是人的集合。可人是多元的，不是只有购物分享、彩妆护肤这些内容才能引起他们的注意，生活中的很多东西都有可能成为他们关注的对象。作为生活方式分享社区，小红书只有不断产出多元且优质的内容，才能满足用户的不同需要，在此基础上，平台才有可能获得

---

① "种草"笔记：提及品牌关键词的笔记。

健康、可持续的发展。

　　这或许正是小红书平台推出《社区公约》的原因。《社区公约》在很大程度上体现了大部分小红书用户的意志，或者说是他们的愿景。他们希望在小红书平台上获得更多有价值的分享，这些分享不只是针对某一个领域的垂直深入，而是来自不同领域的优质内容。

　　除了社区内容越来越多元，小红书用户的结构也在发生着变化，越来越多的男性用户开始进入小红书社区并尝试着发布笔记。千瓜数据显示，2020 年，美食品类笔记中，男性用户发布的数量同比增长 254%；出行品类笔记中，男性用户发布的数量同比增长 138%。

　　由此可见，无论是内容层面还是用户层面，小红书都在不断进行突破，它正在努力成长为一个没有"围墙"的多元化社区。正如它的标语说的那样——"找到你想要的生活"，在小红书上，每个人都能找到自己感兴趣的内容。

　　对于想要入驻小红书的博主来说，这一点也是非常有利的，无论擅长什么领域，在小红书平台上都能找到属于自己的一番天地。

1.1.2　借助电商打造交易闭环

　　和所有的垂直类社区一样，小红书在发展的过程中面临着这样一个问题：如何在保证社区基调的基础上实现商业变现？

　　经过一段时间的摸索后，小红书找到了自己的另一条"腿"——电商，并于 2014 年 10 月正式上线了电商板块——"福利社"商城。平台希望通过小红书社区和"福利社"商城的结合来打造交易闭环。图 1-3 为小红书"社区 + 电商"并行模式的示意图。

图1-3　小红书"社区＋电商"并行模式

　　用户在小红书社区上看到KOL/KOC[①]或其他用户分享的"种草"笔记，在这个过程中，用户被某件商品吸引，然后通过笔记中的链接或是商品名称到小红书"福利社"商城进行购买，达成交易。在使用商品后用户还可以通过小红书社区来分享购物体验，将商品分享给更多的用户。

　　自此，小红书平台基本形成了通过社区分享完成"种草"，再通过"福利社"商城完成"拔草"的商业闭环。

　　除了"福利社"商城，随着社会的进步和平台的发展，小红书还借势推出了直播电商的形式，以此来进一步稳固平台的交易闭环。

　　举个例子，2020年3月，某国际知名奢侈品品牌在小红书平台献上了商业化直播首秀，这是该品牌进入中国市场近30年来，第一次利用互联网平台进行直播。直播开启半小时后，该直播间就登上了小红书"直播小时榜"榜首，成效显著。

　　至于该品牌为什么选择小红书作为自己的首发站，有人说是因为小红书上聚集了大量年轻且消费能力强的用户，这只是一个比较表象的原因，真正的原因在于小红书特有的"社交＋电商"闭环模式。

　　从建立"福利社"商城开始，小红书一直在借助电商全力打造它的交易闭环。无论是最初的"福利社"商城还是后来的直播电商，采取这一系列措施的目的，都是为了改变小红书所面临的"种草"容易"拔草"难的困境。

---

① 　KOL：关键意见领袖；KOC：关键意见消费者。

2021年8月2日，小红书"号店一体"新规正式上线。按照新规，小红书社区以后将只存在"专业号"和"非专业号"两种账号类型，小红书博主只要开通"专业号"即可实现零门槛开店，并且店铺和账号合为一体。这一举措意味着小红书用户只需要进入商家的账号主页就能看到店铺入口，无须再通过小红书"福利社"商城进行下单、购买，这将大大缩短用户交易的时间，如图1-4所示。

图1-4　小红书官方对"专业号"的介绍

电商分析师李成东指出，小红书的营收收入大部分来自广告业务，其占整体营收的80%，但仅仅依靠品牌商给出的广告费，资本很难再有更高的估值，因此小红书必须要把电商的规模做起来。而"号店一体"新规的推出将让小红书的电商规模再提升一个档次，也标志着小红书的交易闭环将会进入一个全新的阶段。

根据新规，小红书将开放 30% 的流量给到"专业号"，以此来吸引更多的品牌商尤其是中小品牌商。据小红书相关负责人表示，很多入驻小红书平台的中小品牌商由于资金有限，无法联合比较知名的 KOL/KOC 来带货，并且在品牌知名度没有打响的情况下，很难获得比较好的效果，所以为了打消这部分品牌商的顾虑，他们推出了全新的"种草"模式。

在这种模式下，如果入驻小红书平台的品牌商都去开通"专业号"，那么社区内容将会更加多元化，品牌商的投入也会更多，平台变现也会更快。

而这些举措最终会给小红书博主带来巨大的好处，因为随着入驻平台的品牌商的增多，这些品牌商势必要寻找更多的博主来合作，无论是素人博主还是 KOL/KOC，都将获得更多和品牌商合作的机会。

1.2　小红书的用户画像

用户画像对于互联网从业者来说是一道绕不过去的坎，无论从事营销还是运营，都应该深入了解自己所处的行业、平台的用户画像，只有这样才能更好地理解用户的真正需求，让自己的营销或运营更加高效，否则就容易陷入"盲人摸象"的境地中。

小红书账号的运营者想要运营好小红书账号，首先就要弄清楚平台的用户画像，之后再进行创作、运营，这样才不至于在布局完一系列的运营工作后，发现自己发布的内容与平台的用户画像不匹配，使得所有的工作白做，既浪费人力又浪费物力。

什么是用户画像？"交互设计之父"艾伦·库珀将其定义为真实用户的虚拟代表，它是建立在一系列真实数据之上的目标用户模型。有人称用户画像是内容创作、生产的核心武器，因为用户画像可以帮助运营者了解到80%的用户需要的是什么，以及哪些方面是平台用户不那么在意的需求，了解了用户画像就等于掌握了关键用户的具体特征。

构建用户画像的核心工作其实就是给用户贴"标签"。举例来说，如果一位妈妈经常在网上购买一些母婴用品，那么电商网站就会根据这位妈妈的购买情况为其贴上一个"有孩子"的标签，甚至可以根据其所购买的商品判断出她孩子的性别和年龄。小红书平台也是如此，一个经常浏览护肤类笔记并多次购买相关商品的用户就会被贴上"护肤爱好者"的标签，后期平台也会根据该用户的兴趣偏好、购买能力来推荐笔记。

总而言之，对于小红书账号的运营者来说，了解平台的用户画像，首先，可以帮助他们加强与用户之间的联系，和用户产生共鸣，帮助他们尽快地找到自己的目标用户群体；其次，能让他们站在用户的角度思考用户的需求，然后有针对性地创作内容。

那么，小红书的用户画像到底是什么样的呢？从性别来看，小红书用户以女性为主，女性用户占到整体用户人数的九成；从年龄来看，小红书上年轻用户居多，越来越多的"95后""00后"涌向小红书；从消费能力上看，小红书平台上的大部分用户的消费能力比较强；从兴趣偏好来看，小红书用户更偏爱彩妆、护肤类内容，如图1-5所示。

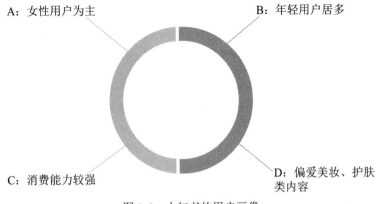

A：女性用户为主　　　　B：年轻用户居多

C：消费能力较强　　　　D：偏爱美妆、护肤
　　　　　　　　　　　　　类内容

图 1-5　小红书的用户画像

1.2.1　以女性用户为主

从性别分布来看，目前小红书平台的用户以女性为主。根据千
瓜数据发布的报告，目前小红书平台的活跃用户中，有 90.41% 是
女性，只有 9.59% 是男性，如图 1-6 所示。

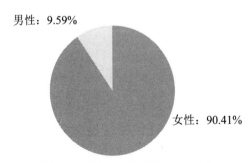

男性：9.59%

女性：90.41%

图 1-6　小红书使用人群性别分布

这其实非常符合大多数人对小红书平台用户的第一印象。小红
书的确是一个以女性为主体的内容社交平台，其中，都市白领和职

场精英女性是其主要用户群体，尤其是对大部分生活在一、二线城市的女性来说，小红书更是一款装机必备的应用程序（Application，简称 App）。

一位在小红书平台上日均花费 1 小时的女性用户说："我每天都会习惯性地打开小红书，看看有没有什么比较有趣的内容，比如我比较感兴趣的美食、穿搭、护肤等。甚至前段时间长智齿的时候，我也会到小红书上翻笔记、查攻略。小红书于我而言，就是一本'百科全书'。"

其实不只是这位女性用户，当前很多女性都表示自己的日常生活越来越离不开小红书了，因为它涵盖了生活的方方面面。有人说，小红书是菜谱，每天不知道吃什么的时候就会在上面找找灵感；有人说，小红书是自己的穿搭宝典，可以提升自己的衣品和审美；还有人把小红书当成自己的"娘家"，在上面倾诉自己的情感……

为什么小红书能受到这么多女性的欢迎？主要有以下两个原因。

❶ 平台针对女性用户产出内容

知乎曾对这个问题进行过调查，很多人不约而同地表示是因为小红书能够根据自己的爱好和浏览痕迹来推荐内容，而其推荐的正好都是自己所需要的内容，所以就越看越上瘾，越看越离不开了。

不得不承认的是，小红书在这一点上的确做得很好，他们非常擅长根据目标用户的喜好来确定运营方向，也很善于挖掘用户的"痒点"，比如一、二线城市的女性可能比较关注美妆、时尚这一类的内容，平台就主打这一类内容去吸引目标用户。到后来可能有更多的用户开始关注美食方面的内容，小红书平台又开始扶持美食类内容的运营者，以此来满足不同用户的需要。

而且小红书平台的推荐机制会对用户进行定位、划分，比如按年龄层级划分、按职业需求划分、按兴趣偏好划分，并对每一类人群贴上相应的人群标签，如常见的"学生党"和"上班族"等就是人群标签。

在定位好这些人群标签之后，小红书平台就会根据这些人群标签进行内容的分发，从而保证不同的人群打开小红书，看到的都是自己感兴趣的优质内容，这也就是互联网行业经常提到的"千人千面"。

用户在小红书平台上找到自己感兴趣的内容的同时，还能"窥探"别人的生活，学习不同人的不同生活方式，从而找到自己想要的生活。

另外，随着电商越来越发达，越来越多的人倾向于在网上购物，但网上购物有一个缺陷，就是不能试用，在购买前无法知晓商品的具体形态。而小红书正好弥补了这一缺陷，平台上有大量的购物分享、消费体验类的笔记，刚好能够满足女性在逛街、购物时的真实体验感。

❷ 女性用户之间的联结属性更强

近年来，多部以女性为题材的影视作品争奇斗艳，尤其是伴随着 2020 年火爆一时的综艺节目《乘风破浪的姐姐》和电视剧《三十而已》的播出，更是让"独立女性"成了一个在社会上引起广泛讨论的话题，而且女性之间互帮互助、互相团结的特质也日益凸显。

由于女性天生就比较有分享欲，再加上很多女性越来越关注自身的发展，这让市面上很多以女性用户为主的产品看到了发展机会。小红书平台顺应了这一潮流，大力倡导女性真实美好、独立自主等理念。一时之间，在小红书平台上出现了很多以"独居女性"为主题的生活类短视频，很多女性通过 Vlog[①] 的形式在小红书上和大众分享自己的生活。

这使很多女性用户产生了强烈的共鸣，她们纷纷在评论区留言，有的表示羡慕，有的询问美食教程，有的询问商品链接，有的则会在评论区提醒博主晚上睡觉时锁好门。

不同于其他的社区平台，小红书在这方面更像一个巨型的聊天室，女性用户们可以在社区里谈论自己感兴趣的话题。小红书的社区运营负责人河童曾说过，在小红书平台，用户和博主之间更倾向于平等的交流和询问，相处也更加自然。

而且，当前很多女性越来越独立，经济基础越来越好，购买力越来越强，她们渴望拥有更美好的生活，而小红书刚好就成了她们的"向导"，引领她们追求更加真实、美好、多元的生活，因此，小红书对她们的吸引力就越来越大。

所以，对于小红书账号的运营者而言，无论是在创作内容时，还是在具体的运营过程中，都应该优先站在当代都市女性的角度来思考问题，仔细研究她们的兴趣偏好，围绕着女性用户的喜好来产出内容，并且要严格把控内容质量。

另外，运营者在考虑商业变现时也要着眼于女性，关联与女性相关的产品。当然这也并不意味着和男性相关的内容、商品在小红书平台上就无法得到发展，只是相对而言其受众群体较小、市场规模较小，运营者可以根据自己的实际情况进行选择。

---

① Vlog：博客的一种类型，全称是 Video Blog，意为视频网络日志。

1.2.2　年轻用户居多

从年龄来看，小红书用户呈现出年轻化的趋势，并且这种趋势在不断增强。根据千瓜数据发布的报告，18~34 岁的人群是其主要群体，占比达 83.31%；18 岁以下的人群占比达 12.16%；35 岁以上的人群仅占 4.53%，如图 1-7 所示。

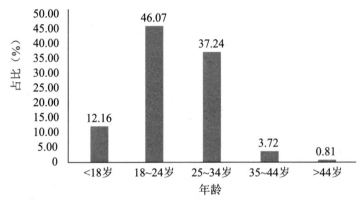

图 1-7　小红书使用人群年龄分布

相较于其他互联网平台，小红书平台上的年轻人比较多，而且当代青年大多爱吃、爱玩、爱分享，他们渴望得到认可与尊重，所以当他们遇到开心或不开心的事情，比起其他年龄阶层的人而言他们更愿意将自己的想法和大众分享，并且他们有非常强的制造流行和热点的能力，善于创造新鲜事物。

而为了增强用户体验，帮助用户特别是年轻用户能更快地获得新品资讯，更容易买到品质好、趣味足的商品，小红书还于 2021 年 6 月份推出了"新动研究所"这一新品营销品牌，以此来满足平台上众多年轻用户的多样化需求，如图 1-8 所示。

图1-8　"新动研究所"示意图

作为小红书账号的运营者，也可以从"新动研究所"中其他用户发布的内容来判断当下年轻人的偏好走向，紧跟流行趋势，在创作内容时融入当下年轻人喜爱的各种元素，从而创作出更受年轻用户喜爱的内容。

1.2.3　消费能力较强

从消费能力来看，大部分小红书用户的消费能力比较强，前文有提到在占小红书用户九成的女性用户中，都市白领和职场精英女性是主要群体，这一类人群普遍具有较强的消费能力，且有一定的消费需求，追求高品质的生活。

　　关于这一点也能从小红书主要用户群体的地区分布中看出来。根据千瓜数据发布的报告，目前小红书平台上活跃的用户中，一、二线城市的人群占到了50%以上，其中，广东、上海、北京、浙江、江苏、四川是小红书用户分布较多的地区，如图1-9所示。

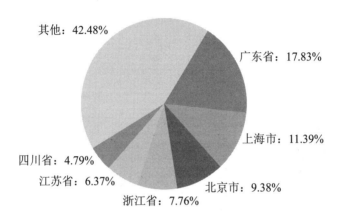

图1-9　小红书用户群体地区分布

　　由图1-9可以看出，仅广东、上海和北京这三个地区就占据了小红书38.6%的用户。而且作为中国经济最为发达的地区，生活在这些地区的人群普遍收入水平比较高，购买力也比较强。此前小红书委托尼尔森IQ撰写的《小红书媒体价值洞察白皮书》也指出，目前小红书上高学历人群占比为71%，个人月均消费在不包含车贷和房贷的情况下仍然高达4100元。

　　以上足以说明绝大部分小红书用户拥有足够强的消费能力。并且此次调研数据还显示，大部分小红书用户的购买欲望比较强烈并且舍得消费。在小红书平台上，有85%的用户每季度至少购买一次服装、鞋帽、配饰等商品，有87%的用户每季度至少购买一次护肤品。

　　谈到护肤品，作为小红书上比较突出的一个品类，其消费情况大致能够体现小红书用户整体的消费情况。千瓜数据发布的报告表明，小红书上的大部分用户更愿意为有品质保障的高单价产品买单，如图 1-10 所示。

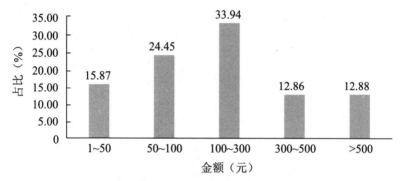

图 1-10　小红书平台已购用户价格偏好（护肤品类）

　　该报告还显示，在这些已购用户中，都市白领、精致妈妈、都市中产、小镇青年和都市 GenZ[①] 是其主要消费群体。就通常情况而言，这一类群体的消费能力比较强，且有一定的消费需求，愿意追求更高品质的生活。

　　在其他同类型平台都在想尽一切办法打"价格战"时，小红书用户却要求高质量的产品，即便价格稍高也愿意支付，这对于小红书账号的运营者来说其实是一个非常大的天然优势，即运营者无须耗费巨大的心力去关注市场情况，只需要专注于产出高质量的内容即可。

---

① 　都市 GenZ：以学生群体为主，热衷利用互联网购物和娱乐。

1.2.4 偏爱彩妆、护肤类内容

从兴趣偏好来看，目前小红书用户更多关注的是彩妆和护肤这两个领域。根据千瓜数据的报告，2021 年上半年，彩妆和护肤这两个品类排在受到用户关注的前两名，占比分别为 6.16%、6.03%，第三名是穿搭品类，占比 4.66%，如图 1-11 所示。

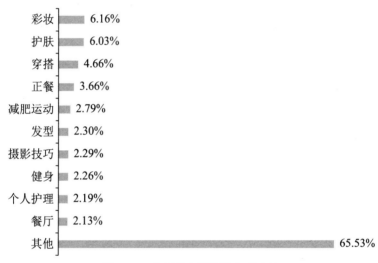

图 1-11　小红书人群关注焦点占比

而这也源于平台上女性用户居多，女性用户更关注与自身有关的内容，因此平台为了增强用户黏性，使这部分用户成为平台的忠实用户，并且为了吸引更多的粉丝，平台也会对女性更加关注的内容给予更多的流量扶持，由此也就逐渐形成了一个相互促进的格局，彩妆、护肤也就成了小红书平台的主要品类和区别于其他平台的特色。

对于运营者而言，生产与彩妆、护肤有关的内容是比较有利的，因为平台已经提供了良好的用户基础，不需要运营者再额外采取其他措施搜索目标用户。但是这并不意味着只能产出彩妆和护肤这两个品类的内容，其他和女性用户有关的品类也是值得布局的，比如穿搭、美食、健身、情感等。

总的说来，小红书平台上以消费能力较强的年轻女性用户为主，并且她们更加偏爱彩妆、护肤品类，这一点对于小红书账号的运营者来说是比较有利的。因为平台用户相对比较集中，因此运营者在创作内容时只要聚焦于一个明确的品类，然后在此基础上创作优质的内容即可。

1.3 小红书的算法机制

要想尽快地在小红书平台上积累一定数量的粉丝，实现变现，仅了解小红书平台的特征、用户画像还远远不够，运营者还需要了解小红书的"机器算法"，从而确保自己发布的笔记不会被平台"吞噬"掉。

举个例子，有一位小红书博主在发布笔记后经常会有这样的困惑：自己精心创作了一篇笔记，无论是图片还是配文都经过了反复打磨，内容质量绝对在同类型的笔记中属于中上等，于是自己不禁想象着笔记发布之后能够收获何种效果。然而事实是，笔记发布之后要么完全没有推荐量，瞬间就湮没在了众多笔记之中；要么就是笔记好不容易被推荐到了"发现页"，却如昙花一现般还没有掀起任何水花就莫名其妙地消失了。

反观小红书"发现页"上其他同一领域的笔记，怎么看都没有自己创作的笔记质量高，无论是图片还是配文都谈不上精心创作，可其点赞、评论、收藏的数量都大大超出了自己的想象。不是说小红书是一款以内容制胜的平台吗？为什么质量较高的笔记反而得不到更多的推荐和曝光呢？原因何在？系统究竟更偏向于什么类型的笔记呢？

要想弄清楚并解决这些问题，好让自己创作的笔记内容能够获得更多的推荐，就要对小红书平台的算法机制进行深入了解。只有对小红书平台的算法机制了解之后，才能使自己创作的笔记获得更多的推荐和曝光，从而一击即中。

总的说来，小红书平台的算法机制包括两个方面：推荐机制和权重机制。

1.3.1　推荐机制

和其他互联网内容平台有所不同的是，小红书在对内容进行推荐之前有一个额外的环节——收录，只有被小红书平台成功收录的笔记才有可能获得推荐，反之则为无效笔记，是无法进入推荐环节的。

是否被收录也是小红书推荐机制的关键点所在。很多新手在刚开始创作时，发现自己的笔记没有得到任何推荐，便认为是内容出现了问题，一直反复修改笔记内容，最后发现笔记根本没有被平台收录，连被推送的资格都没有。

那么如何判断自己发布的笔记有没有被平台收录呢？比较直接的一种办法就是利用搜索功能进行关键词搜索。无论是图文笔记还是视频笔记，发布后 5~10 分钟，在首页搜索框输入笔记配文中的关键词，确认之后进入搜索界面，然后选择“最新”，如果能看到自己刚发布的笔记，就说明笔记已经被平台收录了，反之则未被收录，如图 1-12 所示。

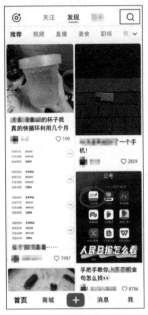

图 1-12　判断笔记是否被收录的方法

影响笔记是否被平台收录的因素主要有：版式、标题、图片、配文、内容、标签、地域。如果发现自己的笔记未被平台收录，可以从以上几个方面进行筛查。

笔记被平台收录之后就正式进入推荐环节。大多数互联网平台的推荐机制是呈阶梯式的，首先将笔记推送给少部分用户，根据这部分用户的反馈结果再决定下一步的推送行为。就小红书平台而言，最初平台在对一篇笔记进行推荐时，会给予这篇笔记 200 次左右的曝光量，然后通过笔记的点击率、点赞量、评论量、收藏量等数据来对笔记进行评估。如果这些数据反馈较好，平台就会将这篇笔记推送进下一个更大的流量池，否则平台就会停止对这篇笔记的推荐，以此类推。

图 1-13 所示为小红书平台的推荐机制。

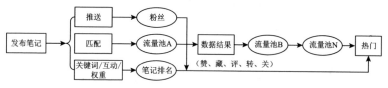

图 1-13　判断笔记是否被平台收录的方法

当然，在推荐的过程中如果平台发现笔记存在违规现象或是接收到其他用户对该笔记的举报，那么即便之前该笔记获得很高的推荐量和曝光量，平台都会立马暂停对该笔记的推荐。

所以小红书博主在进行笔记创作时，除了追求内容质量外，还应保证笔记内容符合小红书平台的创作规范，并且不会侵犯他人的权益，不然的话，到头来博主只能是"搬起石头砸自己的脚"。

1.3.2　权重机制

小红书平台对权重较高的账号会给予更多的流量扶持，而且会认定权重较高的账号创作、上传的笔记内容质量较高，会给予更多的推荐，帮助内容获得更多的曝光量。尤其是在当前小红书平台越来越重视内容质量的情况下，平台会对那些营销过度的账号进行降权打击。因此，运营者想要账号获得更多的流量和曝光，就要想办法提升自己账号的权重。如果账号的权重不高，那么由此账号上传的笔记被推荐的概率相对而言也会小一些。

小红书账号的权重不是由单一指标构成的，它是由很多因素综合评估，比如账号注册时间的长短、账号的等级、账号粉丝数量、账号笔记数量、账号笔记点赞 / 收藏 / 评论等的数量以及账号内容的原创度、活跃度等。除此之外，平台对于明星号、达人号以及和品牌有过合作的账号或者是签约过 MCN 机构 ① 的账号会给予额外的加权力度。

既然小红书账号的权重如此重要，那么如何才能打造出一个高权重的账号或者说怎么做才能提升一个账号的权重呢？就通常情况而言，以下 5 点是需要格外注意的。

❶ 保证账号的活跃度

账号的活跃度是平台评判一个账号最基本的标准。账号的活跃度通常体现在登录的时长，浏览笔记的时长，点赞、评论、收藏的次数，发布笔记的频次等方面。

如果一个账号在很长一段时间内都没有产生过任何行为，那么平台就会认定该账号为非活跃账号，自然就会对该账号的权重适当降低了。账号不活跃的时间越长，账号的权重就会越低。

因此，想要提升账号的权重，除了发布笔记，还应保证账号的登录时长和浏览状态，同时在空闲时间，应尽可能多浏览平台上的笔记，最好是和自己所产生内容相关的笔记，而且在浏览这些笔记的过程中，还应保持适当的点赞、评论、收藏的频率，多方面提升账号的活跃度。

❷ 短时间内不要频繁操作

强调要保证账号的活跃度并不意味着短时间内要频繁进行各

---

① MCN 机构：网红孵化公司，主要是帮助网红孵化和变现。

种操作，过于频繁的操作反而会让平台认为账号的目的性太强，会降低该账号的权重。

比如有的运营者在最初发布笔记时不知道可以通过添加话题标签的方式来帮助笔记引流，所以在笔记发布之后重新编辑，添加了和内容相关的话题标签，再次发布笔记之后发现流量和曝光似乎都降低了不少，于是再次编辑笔记，反复对标签进行修改。

就通常情况而言，如果是刚发布不久还没有流量基础的笔记，添加或是修改话题标签对笔记整体效果的影响倒是不大，但如果是已经有一定流量基础的笔记，再反复进行修改的话，账号的权重就会被平台降低，流量也会被平台限制。

同理，不仅是话题标签，短时间内频繁对同一篇笔记进行任何形式的修改都是不可取的。一篇笔记最好在发布之前就编辑好所有的内容，避免后续的修改，如果遇到非修改不可的情况，也应控制在一遍之内，不可反复修改。

❸ 保证笔记内容的质量

在互联网的存量时代下，用户流量正在跟着优质内容走，任何内容社区都必须要保证自己能够持续提供优质内容，因为只有这样，才能够吸引、留住更多的用户。

简言之，只有抓住内容才能掌握流量的主动权，对内容社区平台来说是如此，对于平台上的运营者来说更是如此，要想吸纳更多的粉丝，创作出优质内容是关键。

可能有人会认为自己的账号从一开始权重就比较低，以至于发布的笔记根本就没有什么阅读量，在这样的情况下，即便笔记的内容质量再优质也无法吸引到更多的用户。这部分人并没有想到，并非是账号权重低导致笔记阅读量少，而是因为笔记质量差，然后"反噬"导致账号权重变低，由此形成恶性循环，导致笔记阅读量越来越低。

众所周知，笔记的效果时有起伏是正常的，但是如果笔记发布之后的数据一直不太好，或者是某段时间急转直下，在排除其他外界因素的情况下，首先应该考虑的便是笔记的内容质量问题。运营者应反复检查笔记是否含有违规词、疑似营销广告等，找到症结后对笔记进行优化，以免因为笔记质量差影响账号的整体权重。

❹ 谨慎发布推广引流内容

2021年6月14日，小红书官方发布公告，宣布启动"饭圈乱象"专项整治行动，严厉打击数据造假、暗刷流量等作弊行为，集中清理恶意炒作、网络暴力等有害信息，净化网络环境。紧接着7月底，小红书官方又宣布，自8月1日起，小红书将全面清理达人带货外链和营销推广软文。

这一系列的整改操作，一方面是为了避免重蹈覆辙[①]；另一方面是考虑到小红书经过多年的发展，目前已经步入瓶颈期，稍有不慎可能就会卡在这个阶段无法动弹。

之所以严格限制广告和推广，也是从长远发展的角度出发做出的决定，只有用心营造出一个良好的社区文化氛围，才能吸引更多的用户，让社区的发展更加繁荣。

所以，对平台上的运营者来说，在发布笔记时要慎之又慎，不仅笔记内容不能出现营销宣传等内容，私信聊天时也要注意不能

---

① 2019年8月，小红书App曾因内容违规问题下架整改。

包含推广引流的相关字眼，尤其要注意不能随意暴露自己的联系方式。因为一旦私信联系方式被系统识别，账号就会被限流1~2周不等，多次违规还有可能被禁言。个人联系方式可以在个人简介中进行简单说明，关于这一点，后文会有操作方法的详细介绍，在此不做赘述。

❺ 不要违反平台规则

关于这一点其实比较好理解，不管做任何事情，只要违反了规则就会受到相应的惩罚。小红书平台根据它的发展情况和未来目标制定了平台规则，目的是让平台发展得越来越好。

所以对于小红书平台上的运营者来说，想要通过运营小红书账号达到自己的目的，就应该严格遵守平台规则，在框定的范围内行使自己的权利，不要触犯"红线"，否则就会受到惩罚，或是降权，或是限流，或是封号。

以上就是提升账号权重的具体方法。需要注意的是，有不少运营者会把账号权重等同于内容权重，其实二者是有明显区别的。不管是图文笔记还是视频笔记，每一篇笔记都是独立存在的，所以内容有内容的权重。比如很多人常常挂在嘴边的要注重提升内容的垂直度、原创度就属于提升内容权重而不是账号权重。

如果账号权重较高，则可以为内容权重添砖加瓦，反过来，如果内容权重较高也可以促进账号权重的提升，但二者不可混为一谈。想要运营好一个账号，账号权重和内容权重都要想办法提升，因为二者虽然有一定的区别，但本质上还是相辅相成的，对于最终的运营效果来说都很重要。

1.4 小红书的四大发展趋势

2019 年 7 月 2 日，小米创始人雷军在小米新品手机 CC9 的发布会现场表示自己在 6 月已经开通了小红书账号，自己也会在小红书上分享和 CC9 手机有关的内容，希望大家多多关注。雷军还在小红书上和网友频繁互动，一个多月的时间就发布了 30 多条笔记，其勤奋程度丝毫不输靠带货为主的小红书博主。

而对于更多的用户尤其是从事互联网行业的人来说，雷军的入驻让很多人不得不重新审视小红书平台，这个成立仅 6 年且一直以来颇具争议的内容平台凭什么能得到小米创始人的青睐？

正当人们怀疑这是不是二者之间的一种营销方式时，却发现除了雷军之外，还有许多企业家也纷纷开通了小红书账号，比如壹心娱乐 CEO 杨天真，还有之后入驻的万科集团董事长王石等。

当越来越多的企业纷纷入驻小红书时，很多人收起了之前"戏谑"的态度，开始认真打量起小红书的发展前景来，也开始思考自己应该如何布局小红书。正如小红书创始人瞿芳在接受《中国企业家》记者的独家专访时说的那样："现在的我们就像个金矿，很多人想来挖金矿。"她认为，小红书平台上还有巨大的商业潜质等待挖掘。

为了进一步推进小红书平台的商业化进程，2020 年 8 月 2 日，小红书创始人瞿芳在"小红书日·2020"活动上宣布，在创立的第 7 个年头，小红书全员将进入二次创业阶段。她说："我们一定要去往更多元化视频内容表达的社区 2.0，我们要做出不一样的社区。"之所以在 7 周年的当口选择二次创业，是官方基于小红书目前的发展状况和未来的发展趋势的双重考量下的慎重选择。

在此之前，小红书已于 2020 年 3 月 20 日完成了 E 轮融资。据官方数据统计，这一轮融资过后，小红书的估值将达到 50 亿美元。结合此前的几轮融资情况来看，小红书的商业增长态势是极其迅猛的，每一轮融资相较之前都是一次巨大的飞跃，如表 1-1 所示。

表 1-1　小红书融资历程

序号	日　　期	融资轮次	估　值	金　　额	交易对手
1	2020 年 3 月 20 日	E 轮	50 亿美元	未知	高瓴资本
2	2018 年 6 月 1 日	D 轮	—	超 3 亿美元	金沙江创投 K11 郑志刚 阿里巴巴 纪源资本 天图投资 腾讯投资 元生资本 真格基金
3	2016 年 3 月 31 日	C 轮	—	1 亿美元	天图投资 腾讯投资 元生资本
4	2015 年 6 月 8 日	B 轮	—	数千万美元	金沙江创投 纪源资本
5	2014 年 6 月 29 日	A 轮	—	数百万美元	金沙江创投 真格基金
6	2013 年 10 月 1 日	天使轮	—	数百万元人民币	真格基金

资料来源：企查查。

虽然目前小红书平台尚未完成上市这一动作，但很多业内人士都明确表示这一天指日可待，在商家圈层中更是流行这样一句话：有钱要投小红书，没钱更要投小红书。听起来有些夸大其词，不过根据 Quest Mobile 2020 年的数据，小红书平均带货转化率为21.4%，而抖音、快手和微博的转化率分别为 8.1%、2.7% 和 9.1%，小红书有如此高的转化能力，圈内流行这样的话也就不奇怪了。

为了吸引更多的品牌商入驻小红书，进一步激发运营者的积极性，小红书于 2021 年 7 月 21 日发布了两条新规，第一条：自 7月 26 日起，小红书将严厉打击软广类笔记，强制提示博主加入利益申明；第二条：自 8 月 1 日起，小红书将正式关闭带货笔记中的外链权限（直播带货的外链功能不变）。

这两条新规其实向外界释放了两个信息：一是在强调小红书内容分享平台的本质属性；二是小红书的外链时代似乎要终结了。

为什么要做出这些改变？一方面，是因为小红书的"种草"优势逐渐被削弱，其他各平台相继推出同类型产品，让小红书感受到了危机；另一方面，是因为小红书平台上各种违规营销方式层出不穷，阻碍了小红书的商业化步伐。

因此，小红书不得不重新思考自己的战略方向。结合此前小红书官方发布的《社区公约》来看，很多人认为小红书这一系列的举措其实是为了打造自己的生态闭环，为以后的长久发展做准备。

除了"抓软广、断外链"这两条新规之外，小红书为自己未来的发展还进行了哪些布局？作为小红书账号的运营者，又可以从这些趋势中挖掘到哪些发展机遇？

1.4.1 "种草经济"：助力新品牌崛起

很多人都知道完美日记的成功上市，小红书功不可没。其实除了完美日记，这些年小红书还带火了很多品牌，比如在港股成功上市的玩具品牌泡泡玛特，其市值最高时超过了 1500 亿港元；再比如估值达到 60 亿美元的饮品品牌元气森林……

作为一款"种草"社区和生活方式分享平台，小红书一则能让产品获得大众的认可，帮助产品及其所属品牌提升知名度；二则能发挥它的社区属性，通过用户对产品的反馈，帮助品牌商及时发现产品存在的问题，从而有针对性地对产品进行升级、改良，而这无疑为众多品牌的崛起提供了莫大的帮助。

随着完美日记和泡泡玛特等企业的成功上市，越来越多的品牌商看到了小红书平台的发展机遇，开始在小红书平台上投放广告，希望小红书能帮助他们打开销量，塑造品牌形象。而这也为小红书提供了一条新的发展思路，小红书开始扶植更多的品牌商，并在 2020 年 7 月 22 日召开的首届 Will 未来品牌大会上提出了全新的品牌扶持计划，如图 1-14 所示。

图 1-14　小红书品牌扶持计划说明

小红书提出"未来品牌"的概念，推出品牌扶持计划，说到底其实是在努力搭建自身的商业基础设施，试图为自己未来的发展构建一套更加完善的商业体系。

这一计划自 2020 年实施以来，一直在发挥它的作用，有越来越多的品牌商看到了平台的发展机遇，开始在平台上投放广告或者加大广告投入，小红书正在成为众多品牌商的新的流量洼地。

以美妆行业为例，2020 年选择在小红书平台上投放广告的商家越来越多，相较于其他新媒体平台，小红书正在占据品牌商越来越多的广告预算。根据 CC 数据[①]联合品观 App 发布的《2021 年上半年美妆行业社媒营销报告》，国际上比较知名的美妆品牌在进行内容平台营销时更加青睐小红书。

图 1-15 所示为 2021 年 1 月至 6 月这段时间，以兰蔻为首的美妆品牌在各大内容平台投放短视频、进行直播以及发布图文笔记的数量统计。

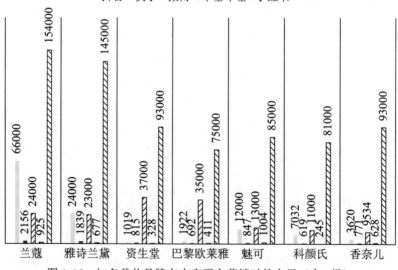

图 1-15　知名美妆品牌在内容平台营销时的布局（个 / 场）

① CC 数据：专业的内容电商数据监测与分析平台。

由此可见，小红书的"种草经济"是略强于其他同类型平台的，它完全有能力培植新品牌，助力其成长。

因此，无论是对于小红书本身还是对于平台博主，受到更多品牌的关注都将迎来新的发展机会。对于小红书本身来说，官方可以借助发展机会加快商业变现的步伐；对于平台博主来说，品牌越多就意味着合作机会越多，收益也就越多。

1.4.2 "直播经济"：完善交易闭环

当前各大互联网平台纷纷进入直播赛道。《中国互联网发展报告（2021）》显示，截至 2020 年底，中国网民视频活跃用户规模达到 10.01 亿人，其中网络直播行业的市场规模达到 1502 亿元，同比增长 42%，直播电商的市场规模达到 9610 亿元，同比增长 121.5%。作为快速崛起的新经济业态，直播经济正迎来它的黄金期。

比起 2016 年就开始进行直播的淘宝，小红书于 2019 年 12 月进行直播内测，直到 2020 年 4 月才正式上线直播业务，入局虽晚，势头却非常迅猛。据千瓜数据发布的报告，2020 年小红书平台超 59% 的直播场均客单价在 100 元以上，超 30% 的直播场均客单价在 200 元以上，高单价商品带货实力不容小觑，这也让小红书官方看到了营收多元化的前景。

和其他电商平台不一样的是，小红书带货直播整体呈现出高客单价、高转化率、高复购率、低退货率的特点。对此其电商负责人表示："这正是小红书带货直播发展时间虽短，但越来越多的品牌商家愿意为小红书带货直播投入的原因。"

单从客单价这一方面来看，一直以来，客单价低都是最让各大带货直播平台感到困扰的难题，但小红书在这方面有着天然的优势，据新榜平台发布的数据来看，2021 年上半年，小红书直播入驻达人的客单价上涨到 341 元。

为了抓住直播经济发展的黄金期，进一步发挥小红书带货直播独有的"三高一低"的优势，从而进一步完善交易闭环，小红书邀请了很多知名品牌入驻，通过各种优惠条件引导其在小红书上开启带货直播。同时，为了吸引更多的品牌商或个人在小红书平台开启直播，也为了吸引更多的小红书用户观看直播，小红书发布了一系列新规则，比如前文提到的小红书自 8 月 1 日起关闭带货笔记中的外链权限，但是不取消直播带货中的外链功能。

这一系列的数据，再结合小红书平台能够吸引更多高端品牌的优势，意味着小红书带货直播的布局会朝着高端化、品质化的方向发展。对于平台博主来说，带货直播的平均客单价还会不断上涨，绝对是一个大好的发展机遇。

1.4.3 "他经济"：下一个发力点

无论是外界印象、用户画像还是平台本身的内容输出，小红书似乎始终和女性绑在一起。目前，小红书的整体内容的确更偏向于女性，但随着小红书内容的多元化发展，也已经有不少男性成为小红书的资深用户，比如"杏仁""添饭小哥哥""猴叔""李米坨"等。

据新榜数据，2021 年上半年，小红书男性达人月均发文数量达到 12 篇，高于平台平均水平，而且其内容生产力也在稳步提升中，其中男性达人发布笔记的互动占比由 1 月份的 17.84% 上涨到了 6 月份的 18.85%，如图 1-16 所示。

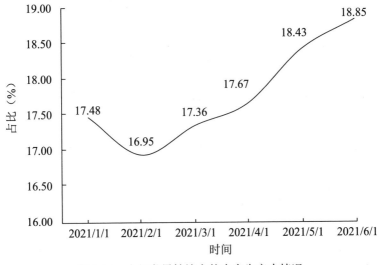

图 1-16　小红书男性达人的内容生产力情况

　　出现这种变化主要有两个原因：其一，男性用户的消费观念有所转变，越来越多的男性开始追求高品质的生活；其二，男性用户的线上消费能力不断增强。据 Quest Mobile 数据显示，在 2021年 4 月的线上消费能力 1000 元以上的用户性别分布中，男性用户占比 55%、女性用户占比 45%，男性用户的消费实力不容小觑，"他经济"正在崛起，并且很有可能成为小红书平台的下一个发力点。

　　对于目前广告收入占整体营收大头的小红书而言，探索新的适合自己的商业化模式仍然是重中之重。男性用户的消费意愿和消费能力越来越强，对于小红书来说是一个比较好的发展机遇，小红书也正朝着这个方向努力，通过一些举措扶持男性博主。比如前文提到的小红书博主"杏仁"就曾被小红书官方邀请拍摄了一支宣传片。

　　这对于小红书平台的博主来说又是一个全新的机会，不仅可以针对女性用户创作内容，也可以针对男性用户产出内容，并且就目前的形势而言，这还是一片"蓝海"，存在着诸多发展机遇。

1.4.4 "下沉市场"：经济增长新动力

互联网经过了多年的发展，线上流量越来越贵，甚至在一些沿海发达城市互联网的发展逐渐趋于饱和状态，因此对于互联网企业和平台来说，寻找增量市场势在必行，于是"下沉市场"就成了很多企业和平台争相抢夺、挖掘的沃土。

何为下沉市场？下沉市场是一个相对的概念，中国的消费市场由两个结构构成：一是以一、二线经济相对较为发达的城市为主的城市消费市场；二是以三、四、五线经济相对欠发达的城市、县城和农村为主的城镇消费市场，即下沉市场，这一市场的消费群体占据全国人口的七成左右。

相较于城市消费市场而言，下沉市场的增速更快。据 Quest Mobile 发布的《2020 下沉市场营销洞察报告》显示，截至 2020 年 10 月，下沉用户已经占据中国移动互联网大盘的 58%（6.69 亿名用户），"00 后"和"70 后"是下沉市场中进一步增长的消费群体，下沉用户的线上消费意愿也在进一步增长。

虽然根据小红书的用户画像，目前平台上的用户主要来自一、二线发达城市，但是这并不妨碍平台将目光瞄准下沉市场。为了在下沉市场遇见"上升"机遇，迎来新的经济增长点，小红书官方曾明确指出要更多关注下沉市场，也曾多次对三到五线城市的用户进行深入走访，了解这些地区用户的具体需求，并且有针对性地做出相应的调整。

所以，无论是品牌商还是运营者都应该抓住这一发展机遇，紧跟平台的布局趋势，适时作出调整。如果是本身就处在下沉市场的用户，则更应该重视这一机遇，不断提升自己的创作能力，等待小红书在下沉市场的爆发。

第 2 章

起号：从0到1搭建账号体系

　　搭建账号是运营小红书账号的第一步，但同时它也是很多新手运营者最容易忽视的一个环节。正所谓"良好的开端是成功的一半"，只有将这关键的第一步走好、走稳，才能迎来之后的千里之行。

2.1　注册小红书账号

　　注册账号是小红书运营者开启运营之路的第一步，也是非常关键的一步，但是很多运营者并没有意识到这一步的重要性，他们在注册账号时只是依照既定的顺序将自己的信息填入指定的位置，并没有认真思考其背后所代表的深层次含义。

　　如果想要后续的运营更加轻松、有效，小红书博主在注册账号时就应该重视每一个环节，认真填写每一处信息。

　　2021年8月2日，小红书官方宣布，自即日起平台将正式开始实行新的账号体系，此后在小红书站内只存在专业号和非专业号两种身份认证体系，而此前小红书账号体系中的个人号、企业号以及认证博主号都将不复存在。

　　"专业号"是指经官方认证过身份的账号，可认证的三种类型有：企业/商家品牌认证、职业认证以及兴趣认证。"非专业号"是指没有经过官方认证的普通账号，可以理解为普通用户持有的账号，如图2-1所示。

　　了解了专业号和非专业号的具体含义，那么非专业号如何注册？又该如何升级成专业号呢？

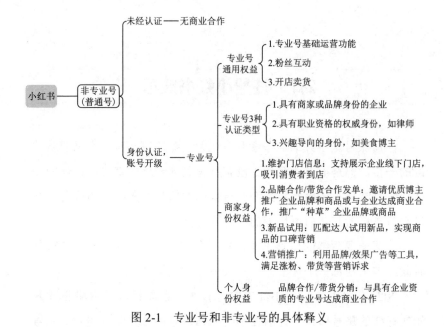

图 2-1　专业号和非专业号的具体释义

2.1.1　非专业号的注册步骤

首先，用户在手机应用市场下载小红书后，选择一种适合自己的登录方式。目前小红书平台支持的登录方式有手机号登录、绑定微信/微博/QQ登录，任选一种即可。不过官方建议使用手机号进行实名登录，这样做也是为了保护用户的正当权益，引导和规范用户在网络上的行为。运营者选用除手机之外的其他方式登录后，虽然可以正常使用小红书，但很多功能都会有限制，尤其是如果想要升级成专业号就必须事先绑定手机号。

另外，要格外注意不要将多个社交账号绑在一起，因为平台会判定这样的账号营销性质过于严重，会对账号给予降权处理，不利于账号之后的发展。

以手机号登录为例，登录成功后，小红书 App 会依次显示以下界面，如图 2-2 所示。

图 2-2　小红书账号注册界面

第一步：填写基本信息，确认性别和年龄。

第二步：选择感兴趣的内容。这一步是为了让平台初步判断你的喜好，之后平台将根据你所选择的兴趣生成、分发内容。运营者可以根据自己拟定创作的方向进行选择，比如想要往护肤、彩妆的方向发展，在此处就可以选择相应的类目作为自己感兴趣的内容，如果对自己想要创作的内容方向不太确定，在这里可以多选一些类目。

第三步：确认是否允许"小红书"访问通讯录，查看通讯录好友。建议选择"允许"，因为这样可以帮助账号多渠道获取流量。

操作完这三个步骤，小红书非专业号就注册完成了。此时用户便可以开始浏览平台上的任意内容，也可以进行点赞、评论、收藏等相关动作，平台也会根据用户的浏览路线、兴趣偏好推送更多符合用户兴趣的优质内容。

但是对于想要在小红书平台上掘金的运营者来说，仅仅操作完这些步骤还不算完，因为涉及变现的很多相关权限只有将账号升级成专业号才能享有，比如和品牌合作、开店等。

🌱 2.1.2 非专业号升级成专业号

专业号享有很多非专业号不能享受的权益，并且小红书官方为了激发小红书用户的创作积极性，鼓励他们在平台上输出更多的内容，已经大大降低了非专业号升级成专业号的门槛。

当前用户想要将自己的账号从非专业号认证升级成专业号几乎是零门槛，不仅操作非常简单，而且相较于之前，各种准入条件的限制也少了许多。

前文有提到专业号认证有三种类型，分别是企业/商家品牌认证、职业认证和兴趣认证，下面笔者将分别对这三种类型升级的具体步骤进行介绍。

❶ 兴趣认证

兴趣认证是三种认证类型里最简单的一种，且平台对此种认证不收取任何费用，也没有其他额外的要求，刚注册的新号也可进行升级操作。

此种类型的升级有以下三个大的步骤。

第一步：打开小红书 App 后，在下方导航栏找到"我"，点击进入后再点击界面左上方的"≡"标识，在弹出来的侧边栏中点击"创作中心"，之后在弹出来的页面中点击进入"更多服务"，如图 2-3 所示。

图 2-3　非专业号进行兴趣认证操作步骤（第一步）

第二步：进入"更多服务"界面后，在"作者能力"板块找到"开通专业号"，点击进入，然后在弹出来的页面下方点击"成为专业号"，再根据自身的情况选择具体的身份，可以直接选择后台给出的默认选项，也可以自行输入想要成为的身份，如图 2-4 所示。

第三步：选择身份后，后台会弹出"实名认证"窗口，点击"立即认证"，即可进入个人实名认证界面，按照要求输入真实姓名和身份证号后，认真查看《实名认证协议》，确认无误后勾选"我同意《实名认证协议》"，然后点击提交，此时平台需要对操作者的面部进行识别，面部识别通过后，即升级为专业号，如图 2-5 所示。

图2-4　非专业号进行兴趣认证操作步骤（第二步）

图2-5　非专业号进行兴趣认证操作步骤（第三步）

　　以上便是针对兴趣认证的升级过程，操作完这些步骤，非专业号就正式升级成专业号了，就可以享受专业号带来的种种权益了，如品牌合作、商品合作等。

❷ 职业认证

职业认证的第一步同兴趣认证的第一步是完全一致的，都需要进入"创作中心"，找到"更多服务"；其第二步同兴趣认证也基本类似，都是点击"开通专业号"后选择相应的身份。

在这一步，想要进行职业认证的人群可以在搜索栏输入自己的职业，如律师、医生、老师等。举个例子，如果你是一位厨师，希望认证自己的职业身份，就可以在搜索栏输入"厨师"，之后就会弹出来相应的认证界面，如图2-6所示。

图2-6 非专业号进行职业认证操作步骤

除了规定的"实名认证"外，不同于兴趣认证的是，职业认证还需要支付审核费用 300 元，并且需要提交相应的认证材料，全部材料提交完毕且审核无误后才算认证成功。

❸ 企业/商家认证

企业 / 商家认证同职业认证非常类似，都是在操作"选择你的身份"这一步骤时需要提交相关资料并接受平台的审核。不过，相比职业认证，企业 / 商家认证需要填写、提交的资料更多，包括基础信息、主体信息、资质公函和运营人信息，而且企业 / 商家认证需要的审核费用更多，需要 600 元，如图 2-7 所示。

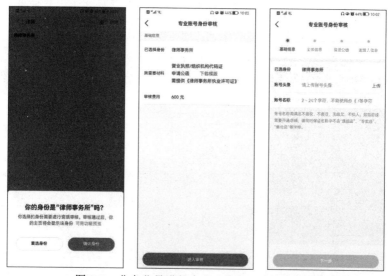

图 2-7　非专业号进行企业 / 商家认证操作步骤

同职业认证一样，企业 / 商家认证在提交相关资料并支付审核费用后需要等待平台进行审核，审核通过后才算认证成功。相较于前两种认证类型，企业 / 商家认证的时间稍久一些，大约需要 3 天。

综上便是小红书账号注册以及非专业号认证升级成专业号的全过程。虽然操作方法十分简单，但是在具体的实践过程中，应谨慎选择下一步，确保每一个步骤都操作无误之后再进行后续的操作，以免因为某一步操作不慎，在后续运营的过程中遭到平台的降权。

2.2　完善小红书账号

注册账号只是一个常规操作，想要获得更多的关注，吸引更多的粉丝，在账号注册成功并且升级成为专业号之后，还需要进一步完善个人信息。

因为就通常情况而言，一位用户选择关注一位博主，往往不会只是因为一篇优质笔记那么简单。当用户浏览到一篇他比较感兴趣并且认可的笔记时，在多数情况下，用户会点击进入博主的主页，查看博主的名字、头像、个人简介、背景图以及博主曾经发布过的笔记等内容，然后再决定要不要关注博主。

所以，主页内容的显示是非常重要的，这不仅关系到用户对运营者的初印象，还在一定程度上决定了用户想不想进一步了解运营者。

而对于运营者来说，完善账号信息不仅是为了吸引更多的粉丝关注，更是为了提升账号权重，为什么这么说？因为账号的个人信息越完善越有助于平台对账号进行判定，从而能够让账号发布的笔记获得的流量更加精准，流量精准之后，受众也会更加精准，随之而来的便是账号获得的权重越来越高。

通常来讲，个人账号的主页所显示的信息就是运营者需要完善的具体内容，包括名字、头像、个人简介、背景图。想要完善这些内容，操作方法比较简单，而且可以一次性进行编辑。打开小红书 App 后，在下方导航栏找到"我"，点击进入之后即可在页面右上方看到"编辑资料"按钮，点击之后就会出现资料填写的界面，如图 2-8 所示。

图 2-8　小红书账号信息完善界面

2.2.1　名字

众所周知，小红书是一个社区，在这个社区中，名字是每个人的代名词，也是每个人留给别人的第一印象。目前小红书上拥有超 1 亿名的月活用户，博主约有 3000 万名，想要给别人留下深刻的印象，取一个有特色的名字是关键的第一步。

所以，小红书运营者应该慎重对待取名字这一环节，而不是随便取一个名字，草草了事。在取名字时，运营者应该遵循与众不同、简单好记的原则。

与众不同是指名字要具有足够强的辨识度。比如当前平台上有些运营者会设置"美美""小雨"等这样的名字，虽然不违规，但毫无个人特色，而且平台上会有很多相似的名字，不利于打造个人名片。在起名字时除了要强调个人特色，最好还能够和拟定创作的内容方向结合起来，让用户看到名字之后马上就能联想到该账号所聚焦的领域，如"××讲财报""××的美食日记""××的旅游攻略"等，具体可以根据自己的个人特色进行选择。

简单好记的意思是账号的名字要通俗易懂、简明扼要，不要用一些比较难写的符号或生僻字，这样既不利于用户形成记忆点，也不便于搜索。另外，账号名字最好具有一定的趣味性，要让用户看到名字之后就能轻松记住，如"××历险记""××不吃辣""××不会飞"等。

为了给小红书运营者提供一些灵感，帮助他们为自己起一个兼具与众不同和简单好记两大特点的名字，下面介绍五种取名字的方法。

❶ 名字+职业/行业相关

"名字＋职业／行业相关"这种取名方式是强化内容定位的首选。用这种方式取名的好处就在于，即便用户此前没有看过博主创作的笔记，但是他们只需要看一眼博主的名字就能大概知道博主创作的内容属于哪一个大的领域。

比如某用户在浏览小红书笔记时，看到一位账号名为"健身教练××"发布的笔记，他就能很快地反应过来这位博主是健身领域的博主，其创作的笔记大概是和健身有关的内容，如果彼时的他有健身方面的需求，大概率会点击进入查看笔记。

相反，如果一位坚持输出健身相关的内容却取名为"小雨""纯儿"这类名字的博主，则难以在一瞬间吸引用户的注意力，即便这类博主进行了健身博主的专业认证。如果再加上笔记的标题和首图不具备较强的吸引力，那么用户大概率不会点击查看笔记详情。

这也就是说，运营者如果想要更大程度上凸显自己的专业技能或是内容定位方向，那么在取名时可以采用"名字 + 职业 / 行业相关"的方式，以强化自己在用户心中的印象。

❷ 地区+职业/行业相关

"地区 + 职业 / 行业相关"是另一种比较常用的突出内容定位的取名方式，这种取名方式更多是为了突出地域特色。

很多希望通过小红书平台为自己的线下活动 / 店铺 / 生意引流的博主会采用这种取名方式，比如"成都街拍""武汉甜蜜时光高级烘焙教室""Maggie ma 南京衣橱管理师"等。

这些账号名字将地区和职业 / 行业相结合，能够吸引当地用户或者是对当地感兴趣的用户的注意。比如生活在成都且对街拍感兴趣的用户，在看到"成都街拍"这个名字时就会点击查看相关笔记。

❸ 性格特征+名字

想要让自己的账号名字更具个人特色，更加与众不同，还有一个比较好的取名方式——"性格特征 + 名字"。

小红书运营者在取名时可以梳理自己的性格特征或是其他比较突出的个人特色，选取其中与众不同的点作为账号名字的元素，以强化个人特色，加深其在用户心中的印象，比如"努力的悉尼小猪猪""爱吃肉的嗜甜美少女""奶酪小馨"等。

这类名字很容易在用户心中产生一个记忆点，而这也是小红书运营者希望得到的结果。只要在用户心中留下一个比较深刻的记忆点，哪怕只是一个非常细小的点，账号运营就有了一个成功的开端，之后在内容方面下功夫，优质的内容辅以个性化的名字，就不愁吸引不到粉丝了。

❹ 本人名字

直接采用本人的姓名作为账号名字，对一些本身已经具有一定知名度的运营者来说能够起到锦上添花的作用，而且这种方式对于打造个人品牌是非常有利的，如"张若宇""李浩源"等。

以本人名字作为账号名字的博主，通常能够给人以信任感，用户在看到这一类名字时会不自觉地想要亲近。因为在大多数用户看来，使用本人名字作为账号名字的博主足够坦诚，他们愿意将自己最真实的一面展现在用户面前。

如此一来，博主和用户之间的距离就会大大缩短，这对于博主在用户心中留下深刻的印象是非常有帮助的。

所以当运营者绞尽脑汁也想不出一个令自己满意的名字时，不妨尝试使用自己的名字作为账号名字。不过有一点需要注意的是，这里所说的本人名字并不局限于自己的真实名字，在其他平台所使用过的艺名、化名同样可以归于这一类，就像很多明星有本名和艺名是一个道理。

❺ 中文名+英文名

比起其他内容平台，小红书有一个显著的特征，那便是小红书的国际化水平略高一些。小红书的用户中，不仅有很多居住、生活在国外的华人，还有很多国外的用户，比如健身博主"帕梅拉Pamela Reif"、时尚博主"leanneansar"等。

虽然小红书官于 2019 年在谷歌市场上推出了主要针对国外用户的海外版小红书，但还是有很多国外用户会选择使用国内版小红书，因为国内版小红书的用户人数更多，发展前景更好。

所以运营者在取名字时为了扩大受众范围，吸引更多的用户，同时彰显自己的国际化水平，可以在中文名后加上英文名，比如"李佳琦 Astin""白洋 -Aries""戴诚亨 Jack"等。另外，这种取名方式能够避免和他人重名，便于用户快速检索。

以上就是针对账号取名推荐的五种方式。当然，取名的"套路"不只有这些，还包括谐音取名，如"仙女酵母"；数字取名，如"三羊三不迟到"等。

除了了解如何取一个好名字，运营者在取名字时还要注意避开一些"坑"，主要有五点，如表 2-1 所示。

表 2-1 账号取名需要注意的地方

序号	内容
第一点	避免生僻字、难以书写的字符
第二点	避免名字过长，尽量控制在 7 个字符以内（英文名另算）
第三点	不要取没有指向性的名字
第四点	避免使用中 / 英文之外的语言
第五点	营销属性不要太强

总而言之，名字是个人名片中最为关键和突出的内容，每一位

运营者都应该谨慎对待。

 2.2.2 头像

头像是个人主页中另一个非常重要的部分，其核心目的是突出个人特征和账号的主体内容。它要足够真实，比如一位植根于母婴领域的运营者，账号头像最好就是婴儿的照片或是亲子照；如果是一位向用户讲授理财小知识的博主，那么账号头像就应该偏成熟稳重一些，最好是个人形象照；如果是美妆、护肤、穿搭类博主，最好直接采用具有个人特色的艺术照或是形象照作为头像；如果是其他专业领域的运营者，如标识（logo）设计、吉他教学等也可以采用与定位相关的主题海报或是专业的艺术设计图作为头像。

头像和名字一样，是每个人呈现在别人眼中第一眼的样子，要有足够的吸引力。就通常情况而言，一个好的头像具有以下特征：简约大气、色调鲜明、关联名字、直观清晰。

首先，简约大气是指头像不能过于杂乱。头像过于杂乱会让用户在第一眼看到时不知道该关注什么内容，无法形成独特的记忆点。一个好的头像应当是简约且大气的，而且记忆点应当非常明确，运营者在设置头像时应记住"少即是多"的准则。

其次，色调鲜明是指头像的整体风格不能过于暗沉，颜色要够亮、够纯、够饱满。不要为了吸睛将多种颜色组合在一起，也尽量不要用灰白色调的图片作为头像，简单来说就是不要刻意营造高级感，小心适得其反。

再次，关联名字就是指账号的头像要和名字相得益彰。名字

和头像是不可分割的一个整体，应该起到互相解释、互为补充的作用。比如美食博主就可以用一道菜或是做菜时的照片作为头像，健身博主可以用健身器材或是健身时的照片作为头像。如果头像和名字毫无关联，可能会让用户产生疑惑，不知道该账号到底想要输出什么样的内容，当用户对这一点不够明确时，自然就难以在心中留下深刻的印象了。

最后，直观清晰，这一点很好理解，就是指头像不能过于模糊不清，最好选用高清大图。虽然头像只有小小的一个展示位，但如果模糊不清的话，仍然会影响用户的观感体验，无法在用户心中留下一个鲜明的形象。

具体来说，设置小红书账号头像时，可以选择以下三种类型。

❶ 用账号名字

账号名字和头像是需要相互关联的，而将二者关联起来最直接的方式就是直接用账号的名字作为头像。

这种方式也是最简单的一种方式，以账号名字作为主体，再配上相应的背景色即可组合成为一个头像。当然了，如果需要对其中的字体进行设计的话，还是要费一些心思的。

通常情况下，这种类型的头像可以有两种设计方式：第一种是"账号名字全称＋背景"，第二种是"名字中的一部分＋背景"。背景可以是单色，也可以是其他图案，但是要注意主次顺序，不能本末倒置，背景更多的是作为衬托而存在。

图 2-9 所示为两种以账号名字作为头像的案例示意。

图 2-9　用名字做头像的案例示意

❷ 用人物形象

用人物形象作为头像是小红书上使用最为普遍的一种方式。小红书本就是一个内容社区，为了让其他用户对自己的印象更加深刻，拉近与其他用户的距离，很多人都会选择用人物形象作为头像。

不过这里的人物形象，不限于个人的真人照片，还包括个人的卡通动漫头像以及账号品牌（IP）漫画形象。

（1）真人照片

使用真人照片作为头像可以极大程度上拉近博主与用户之间的距离，给用户以信任感和亲近感。比如医生、律师等一些产出专业内容的博主，如果头像"花里胡哨"，就很难给人一种专业、信赖的感觉。如果是创作美妆、护肤、穿搭类内容的博主，头像却是十分板正的个人形象照或是其他偏正式的图片，用户就很难对其产生好感。

图 2-10 是比较常见的以真人照片作为头像的案例示意。

运营者使用本人的真人照片作为头像，让用户看到自己的真实相貌，不仅能拉近自己和粉丝之间的距离，还能在一定程度上降低笔记内容被搬运或抄袭的风险。因为当前网民的整体素质是比较高的，如果他们在浏览小红书笔记时，发现有博主盗用别人的笔记内容，有的人可能会善意提醒，而有的人则会直接投诉。

图 2-10　用真人照片做头像的案例示意

　　这也提醒了运营者要尽量原创笔记内容，不要抱着侥幸的心理照搬照抄别人的笔记内容，如果被用户举报，后果是非常严重的。

　　（2）卡通动漫头像

　　鉴于有的运营者创作的内容不需要真人出镜，也不想自己的相貌展现在大众面前，但是又不想头像过于平淡，想要展示出自己的个性化特色，此时就可以使用具有个人特色的卡通动漫头像。卡通动漫头像可以是根据自己的相貌设计的插画，也可以是从其他动漫中截取的能够代表个人形象的图片，如图 2-11 所示。

图 2-11　用卡通动漫形象做头像的案例示意

　　使用卡通动漫形象作为头像能够营造一种可爱、俏皮的感觉，同时能营造一丝神秘色彩，给用户以想象的空间。这样其实在一定程度上对于内容创作是比较有利的，因为用户不知道运营者的真实相貌，就会将主要的目光集中在内容上，对于认真创作内容的博主来说好处颇多。

不过需要注意的是，卡通形象适合的账号比较有限，通常更适用于搞笑、可爱、俏皮类型的账号，或者是从事与卡通动画相关工作的博主，那些内容调性比较严肃、正经的账号就不太适用了。另外，如果是需要真人出镜的账号，也尽量不要使用卡通形象作为自己的头像。

（3）账号 IP 漫画头像

当前很多账号会进行个人品牌的运营和打造，为了增强辨识度，他们通常会设计一款比较经典的漫画形象当作自己的头像，比如很多人熟知的"流氓兔""那年那兔那些事""美少女战士"等。

这类头像多适用于那些已经成功打造出个人品牌的运营者。这类运营者在用户的心中已经有了初步印象，再来使用漫画头像可以进一步强化其在用户心中的形象和地位。

图 2-12 所示为比较常见的账号 IP 漫画头像。

图 2-12　用 IP 漫画形象做头像的案例示意

❸ 用品牌/个人logo

用 logo 作为账号头像，能够直截了当地告诉用户自己所要展示的内容方向。就一般情况而言，如果是企业账号，必须采用品牌的 logo 作为账号头像，因为这样可以一眼吸引到用户的目光，即便用户不看其创作的内容，也能一眼识别出这些头像是哪个品牌或者哪一个企业的，从而在大众心中形成强有力的品牌效应。

另外，如果是比较有影响力的个人或者是渴望打造出个人影响力的个人，也可以设计一款属于自己的 logo，并将其作为头像，同品牌 logo 的效用一样，也是为了突出个人形象，强化自己在用户心中的地位。

图 2-13 为以品牌 / 个人 logo 作为头像的案例示意图。

图 2-13　用品牌 / 个人 logo 做头像的案例示意图

同时需要注意的是，头像不能有广告嫌疑。例如有一部分运营者为了给其他平台引流，会将个人联系方式放在头像中，这种做法严重违反了小红书《用户服务协议》中的账号注册及使用规则，是不可取的，一旦被平台发现将会受到严惩。

2.2.3　个人简介

个人简介就像面试时给面试官递交自己的简历一样，要尽可能用简短的语言概括出账号的具体内容，突出账号的主体定位和个人特色。简单来说，就是通过一句话让用户了解自己是做什么的。

比如"我是××，今年××岁，我的爱好是××，我的联系方式是××……"每一个逗号前都交代了一些基本信息，用户通过这些信息可以对博主有一个大致的了解。运营者在编写账号的个人简介时也可以仿照这种思路。

不过想要让个人简介更具有吸引力，只交代这些基本信息是不够的。一个好的个人简介一般由四个短句组成，如表 2-2 所示。

表 2-2　个人简介的构成

第一句话	你是谁	名字、身高、体重、肤质、职业等
第二句话	你主要分享的内容是什么	用户通过观看你所创作的内容能收获何种价值
第三句话	你有过哪些特殊的经历	有哪些值得拿出来说一说的人生经历，比如曾经获得过哪些成就，或经历过什么挫折等
第四句话	你的联系方式是什么	用户或者品牌商通过哪些渠道可以找到你

❶ 你是谁

"你是谁"可以等同于向用户表明自己的身份。在亮明自己的身份时，运营者首先要进行自我提问，得到的答案就可以写在这里。

比如，小红书账号"互联网一箩筐"的个人简介第一句话便是"'90后'互联网人"；账号"calm 心理"的个人简介第一句话是"南京师范大学心理学硕士";账号"美言厨房日记"的个人简介第一句话是"一个爱美食、爱生活的小医生"。

这些语句无一不带有明显的身份特征,用户在第一眼看到这个简介时便会对博主产生一个鲜明的印象,会在脑海中想象他们的样子以及他们所创作的具体内容。

❷ 你主要分享的内容是什么

这一句话主要是为了告诉用户自己的账号属于什么领域,用户通过观看该账号产出的内容能够收获到什么。

比如小红书账号"森林家的生活手记"的个人简介第二句话便是"森林用心分享绝赞美食和甜点",用户通过这句话马上就能知道该账号主要产出的是和美食、甜品有关的内容;账号"如月读书分享"的个人简介第二句话是"欢迎一起读书",用户通过这句话就能知道该账号主要产出的是和书籍有关的内容;账号"一个努力学习理财的小七"的个人简介中提到"跟你分享我在理财'脱白'中遇到的那些事,每周一和周四晚上9点更新理财知识点",表明该账号主要提供的是和理财相关的内容。

这些语句放在个人简介中,用户一看便知道这个账号对自己是否具有价值,是不是自己感兴趣的账号,有没有关注的必要。当用户认为其内容符合自己的需求,就会进一步查看笔记内容或是直接点击关注。

❸ 你有过哪些特殊的经历

这一句话主要想向用户传递的是自己的个人经历。可以是自己以往获得过的成就,也可以是一段失败的人生经历,抑或只是一段比较有趣的人生经历，目的在于让用户对自己了解得更深入一些，拉近自己和用户之间的距离。

比如小红书账号"御姐酱"的个人简介中这样写道"创业失败一身负债也不能阻止我热爱生活"，用户看到这句话时就会不自觉地想要了解该博主创业失败的人生经历；账号"姚瑶vagarancy"的个人简介中有这样一句话"英语译者，译了十七本书"，用户看了就会对该博主产生一个较为深刻的印象，想要了解她的翻译经历；旅行博主"忌廉与雪梨"的个人简介是"结婚第二天开始500天自驾流浪"，用户看到这句话时就会对该博主这一阶段的人生经历感兴趣，想要更多更深入地了解这名博主。

这些语句放在个人简介中，能够让用户对自己的了解更多一些，也可以成为吸引用户关注的一个点。

❹ 你的联系方式是什么

关于联系方式就比较好理解了，一个账号的个人简介除了需要突出个人特色、优势外，还应留下自己的联系方式，便于用户以及品牌商和自己联系。

而且因为小红书平台明令禁止博主在除了个人简介以外的地方以任何形式透露自己的个人信息，所以运营者在编写个人简介时要格外注意留下自己的联系方式。联系方式可以是邮箱，也可以是其他平台的账号（ID）。

同时，运营者还可以通过个人简介来彰显自己的价值观，比如"一个三观与五官正的轻资产玩家，为大家分享真正有用的创业赚钱干货和商业思考""读书点亮生活，遇见更好的自己"等。如果是专注于穿搭、护肤、美妆领域的博主，还可以在个人简介中注明自己的身高、体重、肤质等信息，便于用户参考。

最重要的一点是，运营者在编写个人简介时，需要在此处留下自己的联系方式，如邮箱、微博账号等，这是被小红书官方允许的可以留下联系方式的正规渠道，运营者要加以利用。

图 2-14 所示为小红书平台上比较值得参考的个人简介示例。

图 2-14　小红书平台账号个人简介示例

除了名字、头像、个人简介之外，运营者还可以修改背景图，让自己的主页别具风格,同时也可以进一步展示出自己的个人特色。

主页所展示的这些个人信息看似简单、细碎，但是要能够充分展现出个人特色并非易事。在完善这些个人信息时，运营者要仔细思量，做到三者之间的有机统一、互相印证，形成集聚效应。同时主页要有较强的辨识度，不要和他人重复，而且要把自己最好、最优秀的一面展现出来，让这个窗口成为一个能够无限放大自身优点的放大镜，从而形成一张独具特色的个人名片，帮助账号吸引到更多的粉丝。

2.3　小红书各大板块介绍

账号注册完成之后，运营者最关心的问题应该就是如何发布笔记了，但是在正式发布笔记之前，还需要对小红书平台的各个功能进行全面、深入的了解，确保在以后的操作、运营过程中不做"无用功"。

小红书基本上可以分为"首页""商城""发布笔记""消息""我"五大板块。其中，"首页"主要用于用户浏览、搜索笔记；"商城"则用于用户浏览、购买商品；"发布笔记"，顾名思义，运营者发布笔记需要通过这个界面；"消息"是用来处理平台上的相关信息，包括官方的消息通知以及与笔记有关的点赞、收藏、评论等相关信息；至于"我"就是小红书账号运营者的后台了，运营者可以在这个界面进行与账号设置相关的操作。

其中第三个板块"发布笔记"，是运营者需要掌握的重中之重，后文会对其进行详细介绍，在这里介绍其他四大板块。

2.3.1　首页

首先，在保持小红书账号登录的状态下，用户打开小红书看到的便是平台的主界面，即"首页"，运营者发布的笔记都会通过这个界面来进行展示，如图 2-15 所示。

图 2-15　小红书"首页"板块主界面

　　首页又分为三个板块，即"关注""发现"和"附近"，通常默认的界面为"发现"，在这个界面，用户可以上下滑动，浏览、点击自己感兴趣的笔记。笔记分图文笔记和视频笔记两种类型。用户可以根据自己的喜好点击查看笔记，并且可以和博主进行互动（点赞、收藏、评论、关注）。如果是视频笔记，用户浏览完毕之后，下方还会出现与之相似的笔记，用户可以向下滑动进行浏览。

　　除了浏览平台推荐的内容，用户还可以选择自己感兴趣的类目，在"发现"的下方有"推荐""视频""直播""美食"等类目可供选择。用户可以向右滑动选择自己青睐的品类，还可以点击右侧的"∨"符号，会显示更多的品类。用户可以在此处进行编辑，添加自己感兴趣的类目，或删除自己不感兴趣的类目。平台会根据用户的选择在后续的推荐中进行相应的调整，如图 2-16 所示。

图 2-16　小红书主界面之个性选择

　　"发现"页的左边是"关注"页，用户点击"关注"就能看到自己所关注的博主发布的笔记，通常笔记是按发布时间进行排列，最新发布的笔记排在第一位。同理，用户点击"附近"就能看到周围的小红书用户发布的笔记，而且在笔记的右下方还会标注具体的距离。需要注意的是，浏览"附近"界面，需要打开手机的"位置信息"，否则无法进行定位，也就不能进行后续的操作了。

这三个界面都可以统称为"推荐页"，只是渠道有所不同，用户可以根据自己的需要进行选择。如果用户没有明确的浏览目的，可以在这些渠道中发现自己感兴趣的内容。

除了平台推荐的内容，用户还可以通过点击"首页"右上角的搜索符号，搜索自己感兴趣的内容，如图 2-17 所示。

图 2-17　小红书"首页"搜索功能示意

用户点击进入搜索界面后，可以在搜索框输入自己想要浏览内容的关键词，如"可乐鸡翅""职场穿搭""迪士尼攻略"等，用户在搜索框输入相关关键词后，界面中会出现包含该关键词的笔记。图 2-18 所示为在搜索框输入"可乐鸡翅"后的界面。

图2-18 搜索"可乐鸡翅"出现的界面

由图2-18可以看出，包含该关键词的笔记，既有图文笔记也有视频笔记。用户可以根据自己的需要进行选择，也可以筛选视频笔记或图文笔记，而且用户可以进行细分选择，如点击"最新""家庭版""教程"等。

细心的用户可能会发现，在"首页"的左上角有一个环形的符号，点击这个符号会进入一个全新的界面，即"记录我的日常"。这个功能是为贴合小红书"标记我的生活"的概念所打造的，主要是方便用户记录自己的日常生活。

这个界面被分成了两个大的部分，分别是记录自己的日常和浏览别人的日常，如图2-19所示。

图 2-19　"记录我的日常"界面

　　在记录自己的日常时有五种方式可以选择，分别是语言、日签、打卡、文字和拍摄，每一种方式都各有特色，用户可以自行选择。不过需要注意的是，记录日常不等于发布笔记，日常笔记只在该界面中展示，不会进入首页推荐流。

　　在浏览别人的日常时，可以选择"附近人的日常""打卡日常""有趣瞬间""心情日签""文字记录"五个小的分类，每一种分类下都是不同的内容。运营者可以通过记录自己的日常的方式来帮助账号提升活跃度，从而吸引到更多的流量和粉丝。

　　"首页"板块的功能大致就是如此，接下来是"商城"板块。

2.3.2 商城

"商城"板块最主要的功能就是让有购物需求的用户购买商品。比如用户在浏览笔记时"种草"了博主所提及的某款商品，就可以直接打开"商城"搜索相关商品，并进行购买。"商城"也是小红书平台为打造自身的商业闭环而推出的一大功能。

小红书博主上传的商品也都会汇总到"商城"界面中。图 2-20 为"商城"板块的主界面。

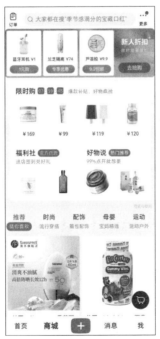

图 2-20　小红书"商城"板块主界面

小红书平台为吸引更多的用户购买商品，推出了一系列的福利互动，如"新人折扣""限时购""福利社""好物设"等，点击进入这些栏目会有相应的折扣活动,用户可以比较价格之后选择是否购买。

在这些栏目的下方就是"商城"的主要内容。小红书平台对所有的商品进行了分类,如"时尚""配饰""母婴"等,用户可以向右滑动找到自己想要购买的商品的类目,之后再进行具体的选择。

除此之外,用户还可以直接在搜索框中搜索自己想要购买的商品的关键词,也就是运用"商城"的搜索功能。

搜索功能是指用户有了意向购买商品后,可以在搜索框中输入相关的关键词,比如"眼霜""精华""外套"等,也可以直接输入品牌商的名称。另外,用户点击搜索框,界面下方会出现"搜索发现"和"常用分类"两个栏目。这两个栏目下的内容都是平台根据用户最近的浏览偏好和搜索关键词自动生成的,主要是便于用户直接点击查看,同时让其浏览到更多的商品,扩大可选择的范围。

当用户选定想要购买的商品后,可以直接购买或者选择将其加入"购物车",还可以通过点击界面右下方的"购物车"符号查看自己"购物车"中的商品。

当用户购买商品后,可以点击页面左上方的"订单",查看订单情况,或者直接点击页面右上方的"更多"进行操作。

以上便是小红书"商城"板块的功能介绍。小红书"商城"板块的具体功能其实同其他电商平台并无二致,主要围绕"用户消费"这一主题展开。只不过对于小红书平台上的博主来说,所处的角度不太一样,除了熟悉它的功能,在平时还需要多关注、参加"商城"官方推出的各种活动,从而获得平台更多的流量倾斜。

🌱 2.3.3 消息

众所周知，小红书本质上是一个社区，小红书的两位创始人也多次强调，社区里关键的要素是人，因为有了人的存在，社区才具有了鲜活的生命力，但是光有人是不够的，想要构建一个强有力的社区生态需要的要素有：人、内容、形态、关系、氛围。

其中，内容和形态主要由平台上运营者发布的每一篇笔记来决定，关系和氛围则依靠人与人之间不断加强联系才能铸就。

考虑到每个人都是一个独立的个体，作为社区来讲，必须想办法让人与人之间产生某种联结，让社区中人与人之间的关系更为和谐，如此才能创建一个良好的社区氛围，从而让社区流动起来。

这也是"消息"板块存在的意义所在。对于运营者来说，用户或粉丝在平台上所触发的任何有关于笔记的动作都会汇聚到"消息"界面，如点赞、收藏、关注、评论等。而且，用户可以通过点击界面右上方的"创建聊天"，和其他用户聊天，但是要注意这里只能创建和已关注博主的用户聊天。

图 2-21 为小红书"消息"板块的界面。

如果说"消息"板块主要用于让小红书博主和其他用户产生联系、加强感情，那么小红书五大板块中的最后一个板块——"我"就是供小红书博主完善自我用的。二者一个主外，一个主内，完美配合。

图 2-21 小红书 "消息" 板块主界面

2.3.4 我

刚才有提到, "我" 这个板块最主要的功能是让小红书博主编辑、完善、更新自身资料, 包括前文提到的非专业号进行专业号认证也必须通过该界面。

当然, 该界面的功能绝不只有这两项, 除了上述两个功能, 该板块还有哪些功能呢?对运营者而言, 这个板块的功能可以分为两大部分, 如图 2-22 所示。

图 2-22　小红书"我"板块主界面

　　第一部分，即页面左上方的"≡"符号，点击进入，就会弹出一个侧边栏，如图 2-23 所示。

　　关于"专业号中心"的具体功能在前文阐述非专业号认证专业号时已经详细介绍过，在此不多赘述，在这里重点介绍一下小红书博主常用到的几个功能。

图 2-23　点击"≡"弹出的侧边栏

　　首先是"我的草稿"，当博主无法一次性完成笔记创作时，笔记可以暂时保存在此处，之后博主只需要在此处继续完成编辑即可，无须重新组织素材、文案。其次是"钱包"，博主在小红书平台上得来的所有收益都不是直接汇到个人账户，而是首先集中汇款到小红书平台上，之后需要提现才能到小红书博主手中。另外，如果想要给其他博主进行"打赏"，也需要提前充值"薯币"，否则无法"打赏"或送礼物。最后是"社区公约"，这是大多数博主都比较关注的内容，这里面概括了诸多博主在进行创作时需要遵守的社区行为规范，以及应该如何构建、维护良好的社区氛围。

　　另外，在这个部分还有一个非常重要的功能——"帮助与客服"，无论是小红书普通用户还是博主，在使用小红书的过程中遇到任何问题都可以在此处寻求小红书官方的帮助。

接下来是第二个部分，即"设置"。关于账号的设置都可以在这个部分完成，比如绑定手机号、设置登录密码、绑定其他社交账号等。注销账号也是在此处，但是没有非必要的特殊情况，通常情况下不建议注销账号。

以上便是对小红书首页五大板块中四大板块的介绍，接下来笔者将对最后一个板块即"发布笔记"进行详细介绍。

2.4　发布笔记的方法

目前小红书平台的笔记主要有两种展现形式：图文笔记和视频笔记，也就是说运营者有两种创作形式可以选择。

虽然目前小红书平台对视频笔记有一定的流量倾斜，但是小红书博主在进行内容创作时，却不一定非要选择视频形式，因为笔记的阅读量多取决于内容而不是形式。换言之，小红书博主在进行内容创作时要根据实际情况来选择适合自己的创作形式，不可拘泥于形式。

举个例子，健身博主如果要向用户演示具体的健身动作，视频的形式就会更直观一些；但如果作为一名家居博主，在向用户展示家居环境以及具体的布置时，图片的形式就会更适合一些；如果是美食、穿搭类的内容，视频或者图文的形式均可。

总而言之，小红书博主在进行内容创作时，关于选择展现形式的问题，没有格外的要求或标准，只要形式和内容相契合，能够更加直观地展示具体内容即可。

2.4.1 发布笔记的步骤

小红书平台针对博主的门槛较低，对笔记内容没有过多的限制，发布笔记时的操作也十分简单，一般来说发布笔记主要有以下几个步骤。

第一步：打开小红书 App，点击界面正下方红色的"+"号，进入发布笔记界面，进入该页面后可以看到页面下面有 5 个可选项，分别是"直播""影集""相册""拍视频""拍照"，如图 2-24 所示。

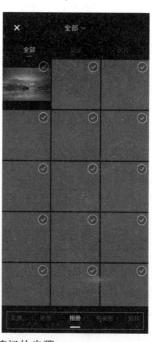

图 2-24 发布笔记的步骤一

其中，除了"直播"选项，其余都和发布笔记有关。"影集"

是平台为运营者提供的视频模板，有多种风格和主题可以选择。运营者选定影集模板后，需要从相册导入素材即可自动生成影集视频。对于视频拍摄、剪辑技术不那么好的运营者来说，直接套用模板是一种非常不错的选择。"相册"是打开发布笔记界面的默认选项，需要运营者事先准备好素材，选定后即可进入下一步。除了用提前准备好的素材外，平台还自带"拍视频""拍照"功能，里面有很多模板可供选择，后续也可进行剪辑或编辑。

相较于从"相册"导入的视频或图片而言，从平台上直接拍摄后上传的内容会得到更多的流量扶持，但是这对运营者的要求比较高，运营者可以根据自己的实际情况进行选择。

第二步：选定素材之后，点击右下角的"下一步"，即可进入下一个操作界面。在这一操作界面，运营者可以对素材进行调整，可以添加滤镜、音乐、标记、文字、贴纸、边框等。操作完成之后即可点击右上角的"下一步"，进入下一个界面，如图2-25所示。

平台在发布笔记板块设置的功能非常丰富，提供了很多不同风格、不同主题的模板样式，可以让笔记内容更加丰富多彩，而且操作步骤整体比较智能，即便是刚开始运营小红书的人也能尽快上手。

第三步：素材（图片或视频）调整完成之后，即进入填写标题和正文的环节。出彩的文案可以为笔记内容增光添彩，而且可以添加话题、@其他用户、添加地点。待内容全部编辑完成后，点击界面左下方的"存草稿"可以保存笔记，或者直接点击"发布笔记"，待平台审核无误后即进入平台推送环节，如图2-26所示。

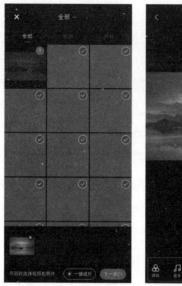

图 2-25　发布笔记的步骤二

图 2-26　发布笔记的步骤三

除做好以上三个步骤，还可以通过以下途径来完善笔记：出彩的标题可以大大增加笔记的吸引力，促使更多的用户点击浏览笔记，从而提升笔记的点击率。添加正文时加入话题或@某位用户，可以增强内容的联结属性，一定程度上增加笔记的曝光量，帮助笔记获得更多的流量。添加发布地点的功能，对于那些想要通过线上宣传来为线下店铺引流的运营者而言是非常有利的。"高级选项"能帮助运营者将笔记定义成直播预告，或是为笔记添加合集。

在小红书平台上发布笔记并不是什么难事，操作步骤也比较简单，而且平台的功能比较全面、智能，难的是笔记发布之后怎么样才能获得更多的曝光量，让运营的整体效果更好。

2.4.2　发布笔记的技巧

很多运营小红书账号的新手，在发布笔记后发现其效果不是非常理想：曝光量非常低，点赞、收藏、评论的数量更是屈指可数。于是运营者就会认为是笔记内容不够优质，之后会想尽一切办法，通过各种方式提高笔记的质量。

的确，小红书是一个内容为王的平台，想要笔记效果更好，收获更多的流量和粉丝，优质的内容是非常重要的，但在保证内容质量的前提下，想要让笔记获得更多的阅读量和更好的效果，还是有一些不容错过的小技巧可以使用的。

❶ 添加话题

上文有提到在编辑笔记正文内容时可以添加话题，小红书平台的笔记话题和微博的"Tag 标签"比较类似，用户搜索或点击某个话题就能看到添加了这个话题的笔记。比起没有添加话题的笔记，添加了话题的笔记的阅读量和曝光量都会高一些。尤其是近段时间平台上比较热门的话题，如果创作的笔记内容和该话题相关，在发布笔记时最好添加话题以增加曝光量。

举个例子，小红书某用户在毕业时发布了一篇笔记，分享自己毕业时的经历，讲述自己内心的真实想法，在正文的最后部分添加了"#我的毕业回忆杀"这样一个话题。用户点击这个话题进去，就会看到很多关于毕业的笔记。这些笔记有一个共同点，就是笔记的正文部分都添加了同样的话题，如图2-27所示。

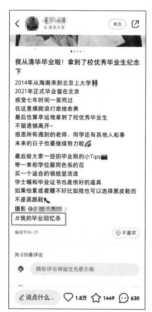

图2-27 小红书某用户发布的笔记截图

小红书平台会根据热点生成很多热点话题，运营者可以在发布笔记时选择合适的话题进行添加，也可以通过点击其他运营者发布的笔记中添加的话题，跳转到含有该话题的笔记界面，然后点击正下方的"立即发布"，发布相似的内容。

在发布笔记时，添加话题不一定能使笔记的曝光量得到较大的增加，也不一定会有效果，但很多资深的小红书运营者还是建议在发布笔记时添加与笔记内容相关联的话题。

❷ 挑选笔记发布时间

和其他内容社区平台一样，小红书也有自己的用户活跃时间段。根据千瓜数据的行业流量大盘，按周来看，每天的活跃时间比较平均，周五、周六活跃时间相对而言较长一些；按天来看，大部分小红书用户会在晚上使用小红书 App，其中黄金活跃时间段为18:00—21:00，如图 2-28 所示。

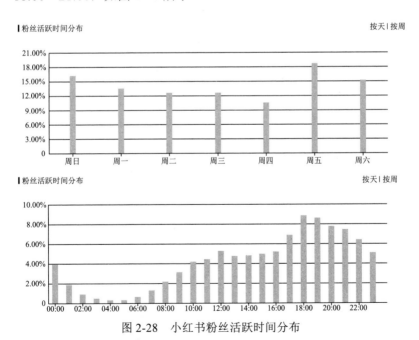

图 2-28　小红书粉丝活跃时间分布

选择合适的时间发布笔记会对笔记的效果产生很大的加持作用，小红书博主在发布笔记时可以根据自己的需要选择发布时间。

就通常情况而言，粉丝越活跃的时间段，博主也会更加活跃，在这个时间段内发布的笔记数量相对而言也会更多一些。换言之，选择在粉丝活跃的时间段发布笔记，竞争会更加激烈。与之相对，粉丝不够活跃的时间段，博主的活跃性也稍差一些，竞争会小一些，运营者可以根据自己的实际情况进行选择。

除了参考粉丝的活跃时间段，运营者还可以在日常挑选不同的时间发布笔记，并记录下笔记的后续效果，看看自己在不同的时间段发布的笔记效果有何区别，有没有哪个时间段的效果格外好，那么之后这个时间段就可以作为自己发布笔记的黄金时间段。

一旦确定了最合适自己的发布时间，就不要再随意更改了，在固定的时间发布笔记能够在用户心中留下更深的印象。比如小红书博主"陈说美食"每天下午4点左右固定发布两条笔记，久而久之就在粉丝心中留下了比较深的印象，一到固定时间，粉丝就会查看博主是否更新了笔记，如发现博主当天没有更新，还会给博主留言，督促其更新。

运营者可以将发布笔记的固定时间写在个人简介里，当用户查看个人简介时一眼就能知道大概什么时间博主会更新笔记。

❸ 添加笔记合集

笔记合集是小红书平台为博主尤其是内容产出较多的博主设置的一个功能，它显示在主页的中间部位，如图2-29所示。

图 2-29　"云蔓创业说"主页截图

创建笔记合集，一方面，有利于博主对笔记内容进行归纳分类；另一方面，也方便粉丝在浏览博主主页时通过合集分类尽快查找到自己所需要的内容。而且当用户进入合集浏览时，也可能会带动合集中其他笔记的浏览量。

不过目前笔记合集只支持视频形式的笔记，图文笔记还没有开通相应的功能。笔记合集对于笔记数量比较多、对内容创作有规划的博主来说是非常方便的。

那么，运营者该怎么创建笔记合集呢？首先点击进入"专业号中心"，然后在"创作服务"中找到"更多服务"，点击进入之后就能看到"创建合集"的字样了，如图 2-30 所示。

图 2-30　创建笔记合集的方法示意图

合集创建完成之后，可以将之前发布的笔记分门别类地归纳到不同的合集中，而且之后发布新的视频笔记时，也可以直接在发布时通过"高级选项"将笔记直接归类到合集中，这样笔记一经发布就自动到合集里了。

创建笔记合集还有一个好处是，对于那些内容规划不够清晰、定位不够明确的博主而言，合集可以让主页内容更加清晰明了。比如有的博主可能会发布穿搭、护肤、美妆、日常等各个方面的内容，创建笔记合集之后，把不同的内容归纳到不同的合集中，可以让主页看起来更加清晰，也更方便自己管理和用户浏览。

以上便是比较常见的发布笔记时可用的小技巧，在发布笔记时使用这些小技巧，可以帮助笔记内容获得更多的浏览量和曝光量，从而使笔记获得更好的效果。

第 3 章

定位：凸显账号特色的"三部曲"

良好的个人品牌＝高聚焦度＋高区分度＋高影响力。从账号的基础定位到竞品分析再到个人品牌的打造，是个人或企业运营好小红书账号的"三部曲"，也是决定运营效果好坏的关键所在，每一步都不可忽视。

3.1 基础篇：定位越精准，粉丝黏性越强

许多刚刚接触小红书账号运营的新手，在发布内容时往往会出现以下情况：

账号注册成功之后，立马频繁发布笔记，笔记内容也没有明确的风格，运营者想到什么就发什么；

完全不知道发布什么内容，账号注册一个月之后一条笔记都未发布；

开始时围绕美妆发布了几篇笔记，后发现美食内容似乎更受欢迎，于是改发美食内容，结果原先积累的粉丝大量流失。

……

总结起来，这些现象可以用三个词来概括，即"乱发""不发""不坚持发"，无论哪一种现象，都对小红书账号运营不利，因为它们都无法精准吸引目标用户。

这就好比在一堆同质化的商品中间，如果没有足够鲜明的特色，就意味着没有核心竞争力，就难以引起大众的注意。

因此，要想账号具备核心竞争力，能够从一众同类型账号中脱颖而出，小红书运营者在发布内容之前，就应当做好发布预计，即对自身账号进行定位。一般情况下，小红书账号的基础定位主要围绕着以下几个方面来进行。

3.1.1　赛道定位

所谓"赛道"其实指的就是业务方向，也可以理解为细分行业。如果把一个大行业比作一个田径场，田径场之中的不同的跑道就是赛道。比如同样作为酒类生产者，啤酒市场和白酒市场对他们来说就是不同的赛道。

所以赛道强调的是，根据自身的条件和当时所处的环境选择合适的业务范畴，然后再进行深度延伸。

同样的道理，在小红书平台上，同样都是穿搭博主，职场女性穿搭和休闲男士穿搭就是两种不同的赛道。

理解了赛道的具体含义后，运营者还需要明白为什么要进行赛道定位。其实道理非常简单，确定账号的赛道，一方面是为了保证自己能够持续创作优质的内容，另一方面是为了确保账号所吸引到的粉丝用户更加精准。

如何进行赛道定位呢？小红书账号运营者可以参考以下方式。

❶ 将自己的兴趣爱好作为定位

俗话说："兴趣是最好的老师。"想要运营好小红书，兴趣是一个重要的前提。一方面，人们通常对自己感兴趣的内容，更愿意去学习、研究，更能在遇到困难时想办法克服而不是轻言放弃；另一方面，任何人对于自己感兴趣的东西了解得都是比较深入的。相较于其他不感兴趣甚至是完全未涉猎过的领域，运营者更容易在自己感兴趣的领域打造出优质内容。

比如一位比较喜欢化妆的女生，平常也愿意花费大量的时间和精力来学习、研究与美妆相关的内容，她就可以将美妆作为自己的赛道，借助小红书平台不断输出与美妆有关的内容。在这个过程中，她可以不断发挥自己的价值，吸引别人的关注。

可能有一些运营者会认为自己的兴趣爱好比较小众，如果以此作为赛道，创作出内容上传到小红书平台，恐怕很难符合大多数人的喜好。关于这一点，运营者其实不必过于担忧，因为小红书用户正趋于年轻化，他们对于各种新鲜事物都有着极强的求知欲，而且包容性很强，愿意接受和了解其他领域的东西。

另外，当前小红书平台上有近 1 亿名月活用户，所以即便是比较小众的兴趣爱好，只要是符合小红书"社区规范"的正向内容，上传到小红书平台后都能够得到一部分用户的关注。而且运营者要明白，越是小众的内容，吸引到的粉丝越精准，黏性也越高，这对于后续账号运营的帮助是非常大的。所以，运营者对此不必有过多的顾虑。

❷ 根据自己的消费情况来定位

很多人看到这个概念可能不太理解，自己的消费情况和赛道定位有什么关系呢？又该如何通过自己以往的消费情况来进行赛道定位呢？

举一个例子，有的大学生在校期间为了通过全国大学生英语四六级考试，花钱购买了很多和四六级考试有关的课程、试卷等，在备考四六级考试的过程中也整理出了很多有用的笔记。这些资料对于那些还没有通过四六级考试的同学来说就是非常直接的学习资源，而且通常来说，这些资料都不是一次性的，可以多次使用。

所以这些大学生就可以在小红书平台上发布和四六级备考相关的笔记，然后通过平台来售卖自己整理的资料。例如小红书博主

"小柒爱学习~"发布了一篇和英语六级学习资料相关的笔记，笔记发布之后很多用户到评论区留言，希望博主将这些资料分享给自己，如图 3-1 所示。

图 3-1 小红书某篇笔记及其评论区截图

虽然听起来有些不切实际，但目前平台上的确有很多这样的交易，有的大学生甚至通过这种方式实现了学费自由和零花钱自由。

再比如很多新手宝妈为了学习如何带好宝宝，通过各种渠道购买了很多关于育婴的课程，当宝妈积累一定的经验之后，也可以将自己学习到的知识传授给更多的宝妈。

总而言之，自己以往付费最多的内容可以逐渐转化成自己输出内容的赛道，在这个过程中不用担心自己是否专业、有没有名气，也不用担心会不会有人愿意为自己的内容"买单"等问题。因为在互联网平台上大多数用户只关心能不能从内容中获得价值，因此，只要是能够为用户带来价值的内容并且价格对于他们来说是合适的，就会有人为此"买单"。

不过需要注意的是，选用这种方式来作为赛道定位，要考虑到内容是否具有可持续输出性，如果不是可持续输出的内容，应该谨慎一些。

❸ 结合市场环境倒推定位

有很多运营者运营小红书账号主要的目的就是赚取收益，这一类人群不考虑自己的兴趣爱好，也无暇顾及自己擅长什么领域，更不是为了提升自己的影响力，他们只是想抓住互联网创业的风口分一杯羹罢了。因此，他们在进行赛道定位时是以变现为目的，哪个行业变现多、变现快，就将哪个行业作为自己运营的赛道。

抱着这种目的的运营者在选择赛道时需要更多考虑当下的市场状况，靠着敏锐的商业嗅觉找到一个靠谱的门路。比如有的运营者看到了宠物行业的发展前景，就开始在小红书平台上发布和宠物相关的内容，积累了一定的粉丝数量之后就开始售卖与宠物相关的商品，如猫粮、猫砂等。

这时可能会有一些运营者非常困惑，自己的商业气息不够敏锐，对于市场的洞察力也比较差，如何才能在千变万化的市场中找到一个值得投资的项目呢？

关于这一点，其实运营者不用太过担心，只要掌握了正确的方法，找到合适的门路并不难，运营者可以参考以下两种方式。

第一，可以在抖音平台上搜索"赚钱""副业"等相关词汇或者根据自己的实际情况进行细化，比如"大学生赚钱""宝妈副业"等。为什么是抖音呢？因为小红书是一个以"种草"为主的平台，其聚焦的领域相对来说不是非常全面，而抖音平台上经常会出现很多让人意想不到的内容，其覆盖面也会更广一些，适合运营的项目也会更多一些。

当搜索到自己比较感兴趣的内容时，就可以直接去浏览作者的主页，看看对方是做什么项目的，参考对方的变现方式，然后根据自己的实际情况具体评估可行性。

第二，可以直接在小红书或其他互联网平台上浏览系统推荐的爆款视频，看看这些获得平台推荐的视频中有哪些是值得自己借鉴和参考的，然后再结合自己的情况进行选择和取舍。

在利用第二种方式进行市场调研时要格外注意，不要沉迷于其中的内容。因为考虑到算法机制问题，一旦过于迷恋内容，平台就会根据兴趣偏好推荐更多相似的内容，如此再进行相关的调研，结果就不那么准确了。

3.1.2　用户定位

如果说赛道定位是为了找准自己适合什么领域的话，那么用户定位则主要是为了提醒运营者在正式运营之前要对目标用户有一个比较充分的了解。在充分了解用户的情况下所创作的内容才能更有针对性，更能够"正中下怀"，效果自然就会更好一些。

就通常情况而言，用户定位应主要围绕着以下几个方面来进行，如图 3-2 所示。

性别	年龄	收入	学历

居住城市	上网时间	出没地点	兴趣偏好

图 3-2　用户定位的八要素

这八个要素其实都非常好理解，就是运营者要明确：自己创作出来的内容受众是谁？他们的年龄、学历处于什么层次？有哪些偏好和需求？购买力是高还是低？上网时间是多还是少？集中在哪些时间段上网？

举个例子，小红书某博主现为某大公司人力资源总监，他想要利用自己的职业优势在小红书上输出和大学生找工作有关的内容。当确定了自己的受众是即将毕业、面临着找工作的大学生，他就可以简单罗列出账号的用户定位，如图 3-3 所示。

主要受众群体：即将毕业的大学生

1.性别：不限

2.年龄：22~25岁

3.收入：普遍没有收入或收入较低，消费能力一般

4.学历：专科及以上

5.居住城市：不限（以一、二线城市居多）

6.上网时间：充裕，基本全天，晚饭过后为高峰期

7.出没地点：以学校为主

8.兴趣偏好：多元化

图 3-3　以主要用户为"即将毕业的大学生"为例的用户定位

当确定好用户定位之后，就意味着内容有了具体的指向标，围绕着这一指向标再来创作内容就会容易很多，而且内容的受众也会更加精准，粉丝的黏性也会更强。

更重要的是，确定用户定位能够帮助自己在后期更好地实现变现，为什么这么说？据笔者观察，目前各大互联网平台上不乏一些虽然拥有大量粉丝却无法变现的账号，即便有变现方式也无济于事。

很多人不太理解为什么会有这种情况出现，实现商业变现的前提不就是拥有足够数量的粉丝吗？那为什么还无法变现呢？就是因为这些账号没有进行用户定位，对于用户了解得不够多，虽然创作的内容都是他们所喜爱的，可是他们不见得愿意为你的产品"买单"，或者说他们可能没有这方面的需求。

依然拿前面的例子来说，假设这位博主所在的公司是一家以销售保健品为主要业务的公司，他开通小红书账号后，认证了自己人力资源（HR）的身份，发布的笔记也主要是关于大学生职业规划方面的内容，但是在笔记中关联的商品却是客单价比较高的保健品，很多人一看就知道这是非常不合理的。

因为该账号积累的粉丝大多是在校大学生，这一类群体从年龄上来看偏向于年轻化，购买保健品的需求必然是较小的；从消费能力上来看，这一类群体显然不具备购买高价商品的能力，最终该账号无法实现商业变现也就不奇怪了。

总而言之，运营者想要在平台上获取到更多的粉丝，并且确保这些粉丝能够转化为有效粉丝，帮助自己更快更好地实现商业变现，在这之前就要确定好自己的用户定位，明确什么样的粉丝对自己是有帮助的，根据得出的用户画像特征确定用户定位，然后在此基础上进行内容创作。

3.1.3 内容定位

众所周知，小红书是一款内容社区平台。这几个字就告诉小红书账号的运营者，想要运营好小红书首先要把内容做好，只有把内容做好之后才能有源源不断的流量进来，账号才能得以持续发展。

而运营好内容首先要做的就是明确内容定位。什么是内容定位？简单来说就是作为小红书账号的运营者，要想获取到什么样的用户，就要用什么样的内容去吸引用户。比如一位高端女装店铺的店铺主想要用小红书来为自己的线下店铺引流，她想要吸引的就是比较精致且收入水平较高的用户，那么她发布的笔记内容也就应该是与之相契合的。

久而久之，就能在用户的心中留下一个鲜明的印象，让用户一想到某种事物或某种风格就能马上联想到该博主所创作的内容。

如果仔细研究小红书平台上那些粉丝数量多、增长快的博主，就不难发现，其实他们的内容定位是非常精准的，从封面、标题到内容的风格，特点都是非常鲜明的。

要注意的是，内容定位不是跟风，不是看到平台上什么样的内容火爆就做什么，恰当的内容定位应该基于用户的需求而定，要找到什么样的内容能够帮助自己获得更多的精准用户，从而帮助自己更快地达成目的。

关于如何做好内容定位，可以参考以下两个步骤。

❶ 站在用户的角度思考

一般来说，用户越缺少什么，他们就会越关注什么。作为小红书账号的运营者来说，只需要找到用户的关注点，在此基础上创作内容即可。

但是像美妆、护肤、穿搭、美食这些比较大众化的领域，因为在小红书平台上已经有众多运营者入局，所以某个运营者想要在既定的市场中占有一席之地，就要保证自己输出的内容是用户所需要的。只有能够满足用户的某种需要的内容，其获得点赞、评论、收藏的数据才会更高，平台对该账号的流量扶持力度才会更大。

举个例子，在"口红一哥"李佳琦火遍小红书之前，小红书平台上的美妆博主已经非常多了，基本上已经形成了比较稳定的状态，但为何李佳琦能够"后来者居上"呢？一个比较重要的原因就是他找到了用户真正的需求点，并在此基础上进行垂直深挖。

在此之前，几乎所有的美妆博主都是通过手臂来进行口红试色，而李佳琦是为数不多的直接在嘴唇上试色的美妆博主。虽然手臂试色可以同时对很多颜色进行对比，但在嘴唇上试色能够直接看到整体效果。

李佳琦找准了这一用户"痛点"，选择直接在嘴唇上进行口红试色，而正是这一举措受到了众多女性的一致欢迎，很多用户关注李佳琦也是从他在嘴唇上进行试色开始的。

到目前为止，李佳琦在小红书平台上的粉丝数量已经超过1000万名，他之所以能够得到如此多用户的喜爱，就是因为他最大程度上考虑到了用户真正的感受，知道很多女性用户想看的是口红上嘴之后的真实状态，而不是仅仅在手臂上试色。

所以小红书账号的运营者在进行内容定位时应该学会站在用户的角度，思考用户真正需要的是什么，而且要深入挖掘用户的潜在需求，并以此作为锚点来吸引、稳固粉丝。

❷ 确定差异化的人设形象

事实上，现如今大多数互联网平台上的内容都大同小异，内容同质化比较严重，尤其是当某个特定时间段内如果某件事情或是某种风格热度比较高的话，互联网平台上就会出现非常多的类似的笔记，更有甚者还会陷入抄袭的纠纷中。

几乎所有的小红书账号的运营者都希望能够抓住热点，进一步提升自己的知名度。但是当可以发挥的空间有限时，怎么做才能在用户的心中留下一个记忆点？比如同样都是美食博主，同样都是教粉丝怎么制作糖醋排骨，怎么做才能让用户选择自己呢？

答案是让自己变得不一样，也就是要确定差异化的人设形象。

比如小红书博主"蔡川"，他于 2020 年 9 月在小红书平台上发布第一条视频笔记，截至 2021 年 9 月，这篇笔记已经收获了 5.7 万个点赞，其粉丝数量也已经突破了 25 万名。

作为一位音乐博主，他在小红书平台上发布的笔记大多是和音乐有关的内容，以自己弹钢琴的视频为主。可同样都是弹钢琴，在众多音乐博主水平相当的情况下，为什么他能在短时间内受到如此多用户的喜爱呢？

这是因为与其他同类型博主不同的是，视频中出镜的除了他本人，还有他的奶奶，他弹钢琴的同时奶奶在一旁用简单的乐器配合他的弹奏。

图 3-4 为该账号的主页截图。

另外，他在视频中弹奏的曲子有一个共同特点——轻柔、婉转。有了这样的背景音，再配合奶奶和孙子共同演奏的画面，着实有一种岁月静好的感觉。很多用户看过他的视频之后纷纷表示："感觉内心都纯净了许多。"

图 3-4　小红书账号"蔡川"的主页截图

　　祖孙共同弹奏就是小红书博主"蔡川"区别于其他同类型博主的差异点，他也通过这一区别确立了自己的人设，以至于后来在小红书平台上再出现与之风格类似的笔记，就会有很多用户在评论区质疑是不是在模仿、抄袭"蔡川"。当众多用户这般质疑时，就说明该博主打造的差异化人设形象已经在用户心中留下了深刻的印象。

　　想要在一众同类型的博主中崭露头角，拥有自己的个人特色是关键。当人们一提起某种风格或是某句话时就能想到你，就意味着你的差异化人设在用户的心中立住了，如此一来，你在平台上获得成功的概率也就会更大。

🌱 3.1.4　商业定位

商业变现是绝大多数运营者运营小红书账号的终极目的，无论是此前提到的赛道定位、用户定位还是内容定位，归根结底都是为商业变现服务的。

而要想更好地实现商业变现，确定自己的商业定位方向是必不可少的一个环节。不过很多小红书账号的运营者并没有意识到这一点，在他们的概念里，商业变现是水到渠成的事情。他们认为，只要前期账号运营得好，能够拥有足够多的粉丝和流量，到后期想要进行商业变现就是一件再简单不过的事情。

殊不知，通常抱着这种想法运营小红书账号的人最终都很难实现商业变现，原因何在？因为他们只考虑了广告变现这一种可能性，只想到了当拥有一定数量的粉丝后通过和品牌商合作来实现变现。虽然广告变现在小红书平台是最直接的一种变现方式，但并不是所有的账号都适合这种形式，比如知识类、教育类博主，这类博主所创作的内容是比较难和品牌商进行合作的。

所以当前平台上不乏存在一些流量多、粉丝多，却无法变现的账号。这种现象警示着小红书账号的运营者，要想实现商业变现，绝不能等到账号的一切都走上正轨之后再做选择，而是应该在正式运营账号之前就思考清楚账号将来的变现模式，在之后运营的过程中要朝着这个方向发展。

就小红书平台目前的情况而言，小红书账号的运营者想要实现商业变现参考以下十个维度，如表 3-1 所示。

表 3-1　小红书账号商业变现的十个维度

序号	维度	具体含义
1	获取平台对运营者的奖励	平台会对反馈较好的内容给予奖励，如给予点击率较高的笔记相应的点击费用
2	获取广告收入	当有一定的粉丝基础后，会有品牌商主动找上门来求合作，广告报价根据粉丝数量、阅读数量以及行业知名度而定
3	获取粉丝的"打赏"	仅针对直播形式，前提是要有足够数量的粉丝基础
4	做社群	把一群有共同需求的人聚集起来，如读书群、宝妈群等
5	带货	在小红书平台开通自己的"薯店"、知彼，售卖自有商品，或者和品牌商合作
6	做培训	任何技能都可以做培训，比如教职场人如何使用办公软件、跨境电商相关的培训、美妆课程等
7	做咨询	覆盖面较广，比如商业咨询、法律咨询、情感咨询等，主要是根据 IP 属性来判定
8	知识付费	本质在于把知识变成产品或服务，通过消费者购买实现变现，如钢琴课、书法课、营销课程等
9	通过个人影响力进行社交资源变现	具备个人影响力的人进行资源配置，整合各种资源，适合社会资源较为丰富的人
10	卖号	快速起一些有粉丝的账号，卖给需要的人，通常有专门的机构从事这一工作，不太建议个人选择这一变现方式

　　以上十个维度包含了商业变现的大部分形式。作为运营者来说，如果想更好地实现商业变现，首先要做的是结合自己所在的领域、行业进行深入的分析，包括对同行、竞品的变现方式进行研究，取之所长，弃其所短，结合自身的特色选择合适的商业定位。

　　需要格外注意的是，在确定商业定位时绝不能脑子一热，看到目前市场上什么行业比较火爆或是看到别人通过什么样的方式赚到了钱就紧随其后，想象着自己也能抓住风口，获取收益。这种做法是非常不现实的，尤其是在瞬息万变的互联网平台上，稍有不慎可能就会被湮没在潮流中。

不同的商业定位后期的运营模式也不尽相同，所以在确定商业定位时，运营者要做的就是保持独立思考的能力，并对市场、行业做一个比较系统的调研，通过各方结果并结合自己的考量来最终确定账号的商业定位。

总而言之，账号的定位不仅关系到内容方向和个人形象，在后期正式运营的过程中还在一定程度上决定了账号涨粉的速度、变现的方式、变现的难度以及引流的效果。账号定位越垂直、越精准，粉丝也就越垂直、越精准，账号下发布的笔记内容获得的精准流量就越多，由此形成一个正循环，变现就会更加轻松。无论是通过品牌合作、商品合作，还是通过"号店一体"、直播带货，变现效果都会更好。

3.2 进阶篇：对标越全面，优势越突出

上一节强调的是小红书账号的定位主要基于运营者对自身特性的把握，虽然这能够让运营者大致明确运营方向，但想要在既定的市场上分一杯羹，还需要做好与其他账号的对标工作，让自身的定位更加明确，使自己的账号能够和其他同类型账号区别开来，以此来打造自身账号的核心竞争力。

Lisa是某新锐彩妆品牌的销售总监,公司主打的产品是眼影盘。放眼小红书,已经有非常多的美妆品牌在平台上声名鹊起了,市场就那么大,用户就那么多,Lisa要怎么做才能在众多竞争中带领品牌突出重围呢?

战胜对手的秘密武器,就是比对手还了解对手。Lisa经过权衡之后挑选了几个和自身品牌实力相当但在小红书平台上名气却比较大的品牌,对这些品牌的官方账号的运营方式、宣传方式等方方面面都进行了细致入微的了解,甚至连这些品牌和平台上哪些KOL有过合作都一一进行了罗列。

她发现有的品牌虽然和大量的KOL合作,但是转化效果没有想象中的那么好;有的品牌通过素人铺量的方式进行营销,可没有KOC的指引,最终也很难引起用户的注意。

她将搜集到的这些信息进行了整理,最后得出了一个结论:她可以选择"明星翻包 + 素人真实测评"的模式来进行营销。

事实证明,她的想法是对的,半年之后她成功带领品牌"打"入了用户内部。这就是对竞品进行分析的目的,好的竞品分析除了能够知道自己和对方的优劣势之外,还能从两者的区别中找到个人的特色所在。

其实不只是企业需要竞品对标,个人账号也是如此。总而言之,每一位运营者要想将自己的账号运营得更好,就要学会竞品分析,让自己的优势更加突出。

那么,竞品分析到底应该如何做呢?一般来说,进行竞品分析主要有以下五个步骤,如图3-5所示。

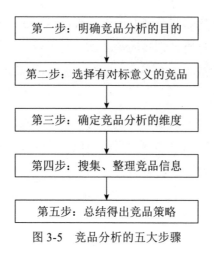

图 3-5　竞品分析的五大步骤

 3.2.1　明确竞品分析的目的

这一点比较好理解，指的是小红书账号的运营者必须要知道自己进行竞品分析的目的是什么，最终希望通过竞品分析得到什么样的结论。

就一般情况而言，小红书账号的运营者进行竞品分析主要有三个目的。

❶ 决策支持

竞品分析的首要目的便是帮助小红书账号的运营者进行决策。当前平台上很多运营者尤其是新手运营者在运营方面缺乏经验，虽然知道自己大致上要创作什么领域的内容，但是对于市场大环境缺乏敏锐度，对当前平台上用户偏好的内容了解得也不够深入，不知道自己创作出来的内容是否能够受到用户的喜爱。

此时就可以通过竞品分析来帮助决策，看看当前小红书平台上和自己所处的领域相关的账号所创作的内容都是何种风格，深入观察这些内容受到用户喜爱的程度，从而帮助自己判断是应该仿照类似的风格进行创作还是应该"另起炉灶"，进行创新。

另外，竞品分析还能够帮助小红书账号的运营者进一步发现自己的独特之处，通过观察、比较，明确自己的账号和其他同类型账号相比有哪些特色，从而帮助运营者找到细分市场，避免与行业巨头正面竞争。

比如穿搭博主"老老老王啊！"于2021年5月入驻小红书，半年的时间该博主收获了近8万名粉丝，入局稍晚的她之所以能在平台上穿搭博主趋于饱和的状态下分一杯羹，就是因为她在运营前进行了竞品分析，选择了和其他穿搭博主不一样的创作方向——挑战把"土"到极致的衣服穿出高级感。

事实证明，她的思路是对的，她通过竞品分析找到了自己可以创作的差异点，为自己的创作方向和风格提供了一定的决策支持，最终获得了成功。

❷ 参考借鉴

竞品分析的第二个目的便是为运营者提供参考借鉴的依据。正所谓"一切超越都是从模仿开始的"，小红书账号的运营者想要将账号运营得更好，就要学会观摩平台上其他同领域账号的运营模式，模仿这些账号的内容方向、风格、形式等，尤其是那些当前在平台上受到比较多的用户喜爱的笔记内容，这些笔记内容能够受到用户的喜爱，其背后定有原因。

小红书账号的运营者要做的就是通过分析找到这些笔记内容

受欢迎的具体原因，并加以调整优化，结合自身的创作风格，取长补短，将其长处融入自己的笔记内容中，规避掉自己之前在创作中存在的不足，从而使得自己创作的内容能够受到平台用户的喜爱。

❸ 风险提示

至于竞品分析的第三个目的就是为运营者的创作提供风险提示。所谓风险提示，颇有些"前人栽树，后人乘凉"的意思，无论是笔记的内容方向还是风格，只要是创作出来不受市场的欢迎，小红书账号的运营者在运营的过程中就可以对这些潜在的风险进行规避。

举一个例子，之前有很多美食博主在其他平台上传自己的美食视频时，为了吸引用户，在创作视频时加入了很多"槽点"，比如故意将"蚝（háo）油"错读成"牦（máo）油"等，在短时间内视频效果还不错，于是博主便把视频直接搬到了小红书平台上，可小红书的用户对于这种创作形式并不"买账"。很多用户在看到这一类型的笔记后都懒得评论，直接将这一类笔记内容设置为"不感兴趣"，有的甚至直接反馈"内容不适"。

对于平台用户来说，只是将内容设置成了"不感兴趣"，但是对于平台上其他美食类的博主来说，这就是在创作的过程中要注意规避的风险。

以上就是小红书账号的运营者进行竞品分析的三大目的，通过分析竞品账号的运营情况，为自己的创作提供思路，并找到自己可以借鉴的部分或者应该避开的"坑"，从而促使自己的账号运营得更好。

3.2.2　选择有对标意义的竞品

在明确竞品分析的目的之后，小红书账号的运营者接下来要做的事情就是选定竞品分析的目标。有一句话在很多场合都被提到："选择比努力更重要。"这句话同样适用于竞品分析，不过要变换一下说法，即"选择比分析更重要"。

小红书平台上同类型的竞争对手非常多，但并不是每一个竞争对手都有研究的意义，一旦选错了竞争对手，就算对其分析得再透彻，于自己而言都是没有任何帮助的。

那么，究竟应该如何选定竞品范围，确定竞品分析的目标账号呢？小红书账号的运营者可以参考以下标准，如表 3-2 所示。

表 3-2　确定竞品分析目标的标准

标　　准	含　　义	举　　例
目标用户一致	目标用户一致就意味着要共同瓜分同一拨用户，是最直接的竞品账号	"蜀中桃子姐"和"陈说美食" "豆豆 _Babe"和"程十安 an" "周六野 Zoey"和"欧阳春晓 Aurora"
粉丝数量稍多	指同一领域同等条件下粉丝数量稍多于自己的账号	"开饭啦小志"之于"添饭小哥哥" "都靓读书"之于"小嘉啊" "叫我小怵子"之于"小麦"
运营情况较好	指同一领域粉丝数量不相上下的情况下，获赞和收藏数量略高于自己的账号	"静静美食日记"之于"小夏的美食日记" "刘大大"之于"姜子鱼_yu" "最美装修设计"之于"刘老师装修设计"

以上便是小红书账号的运营者在选定竞品账号时的三个标准，需要注意的是，运营者在选定竞争对手时一定不要好高骛远，不能将行业的头部账号甚至是超头部账号作为自己的竞争对手进行分析，这样的对标分析是没有意义的。在选择竞品时，运营者应该尽量选择那些比自己稍好的账号，通过对它们的观察、分析，找到它们在运营过程中存在的不足，并且想办法超越它们，之后再确立新的竞品。

3.2.3　确定竞品分析的维度

通常情况下，运营者在分析竞品账号时要侧重以下四个方面的内容。

❶ 竞品账号的定位特征

小红书账号的孵化、运营就好像一个养成游戏，想要在众多小红书账号中崭露头角，账号的定位是否具有比较突出的个人特征是非常重要的，也就是很多运营者常常挂在嘴边的"差异化人设"。

而想要成功打造出专属于自己的"差异化人设"，了解竞品账号的定位特征是重中之重。因为即便是同品类的竞品账号，其账号定位、内容定位以及其他方面的定位都不可能完全一致，比如同为穿搭品类的博主，有的擅长职场穿搭，有的擅长休闲穿搭，有的则更擅长酷飒风格的穿搭，而且在内容的呈现形式上也会有很大的不同。

因此，小红书账号的运营者要充分了解竞品账号的定位特征，尤其是要了解对手的竞争优势，避免与其发生正面冲突。

运营者在对竞品账号的定位特征进行分析时，不要具体到某一个方面，要多维度、全面地进行分析，并且不能将眼光聚焦在某一些指定的竞品账号上，要多浏览平台上其他博主的笔记，综合考量之后再做出结论。

❷ 竞品账号的目标用户

竞品分析的第二个关键点就是要深入了解竞品账号的目标用户和当前该账号所拥有粉丝的兴趣偏好。因为每个大类包括其细分领域所面向的用户是有限的，并且所面向的用户说到底都是同一群人，如果账号与账号之间的目标用户重合度过高，就会导致彼此之间的竞争过于激烈，非常不利于后续的发展。

因此，运营者要对竞品账号的目标用户进行分析。目前有很多数据分析工具可以作为辅助来使用，有一些数据分析工具甚至可以直接对比、分析两个账号的用户画像以及用户重合度，但是大多需要付费，运营者可以根据自身的需要进行选择。

另外，在对竞品账号的目标用户进行分析时，除了要了解其用户画像，还应更深层次地挖掘其他关于目标用户的信息，比如粉丝忠诚度、粉丝购买能力、粉丝规模以及粉丝的具体兴趣偏好等。

如此便可以更好地拿捏竞品账号在满足用户需求方面的优劣势，再结合自己的优劣势，加以灵活运用，以和竞品账号不同的姿态来吸引用户，然后有针对性地满足用户的需求，以此来打造自己在用户心中的差异化形象，增强用户留存率。当然了，前提是要保证自己所营造出来的差异化形象是大众喜闻乐见的，不能为了差异化而差异化。

❸ 竞品账号的运营水平

运营者在进行竞品分析时还应着重分析竞品账号的运营水平，

因为当下的运营情况能够直接反映出竞品账号现行的运营策略是否可行。如果运营情况良好，则可以作为借鉴和参考；如果运营情况一般，甚至比较差的话，则相当于提前为自己"排雷"了。

评估竞品账号的运营水平通常可以从以下维度入手，如图3-6所示。

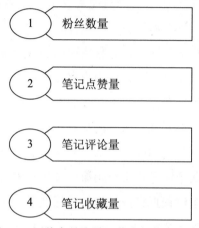

图 3-6　评估竞品账号运营水平的四个维度

在这四个维度中，粉丝数量是最能够反映出竞品账号运营水平的关键数据。通常情况下，一个账号的粉丝数量越多，说明该账号创作的内容受到用户喜爱的程度越高，但是运营任何内容平台都不能排除"僵尸粉"[①]这一现象，而且可能会存在一部分博主为了能得到品牌商的青睐，通过利益交换的方式来吸引用户关注的情况。

所以，除了关注竞品账号的粉丝数量，小红书账号的运营者还应综合考量竞品账号发布笔记的情况，对笔记的点赞量、评论量、收藏量进行具体分析，看看粉丝数量和笔记最终呈现出来的效果是否匹配，而且要对笔记内容进行分析，看看笔记最终呈现出来的效

① 僵尸粉：指"有名无实"的粉丝，没有任何质量，不能为自己带来任何转化。

果和笔记的内容质量是否匹配。

另外，除了通过小红书平台直接观察竞品账号的具体运营数据外，还可以通过现有的数据分析平台对竞品账号的运营情况进行具体、深入的分析，比如"千瓜数据""新榜"等。

❹ 竞品账号的发展潜力

互联网平台尤其是内容平台的发展用瞬息万变来形容毫不夸张，比如有些小红书博主一直以来的创作成绩平平无奇，但很有可能因为一篇笔记而一炮而红；同样也有发展得如日中天的博主因为某一事件或者是某一句言论一时间成为众矢之的，然后被拉下神坛。

所以小红书账号的运营者在进行竞品分析时，不仅要对竞品账号当前的运营情况进行分析，还需要对其发展潜力进行分析。

可能有人会产生疑惑，毕竟是尚未发生的事情，诸多事情都难以预料，又该从哪些方面着手来具体分析竞品账号的发展趋势呢？是应该从其近期粉丝增长的情况来判断，还是应该从爆款笔记的数量来判断，抑或是从用户对其发布的笔记的反馈来判断？

以上几个方面都可以作为考量的标准，不过都有一定的局限性，想要比较全面地分析、判断出竞品账号的发展潜力，可以通过时间线来判断，也就是在规定的时间范围内，对这些要素进行综合考量。

运营者可以通过千瓜数据来查看相应的数据，具体操作步骤如下。

首先，打开千瓜数据官网后进行登录，然后点击进入工作台，在工作台左侧边栏"小红书投放"一栏中，找到"达人搜索"，点击进入，运营者既可以直接搜索竞品账号的名称，也可以大范围查看同行竞争对手的整体运营情况，确定竞品账号之后，就可以通过点击账号右侧的"查看详情"来查看具体情况了，如图 3-7 所示。

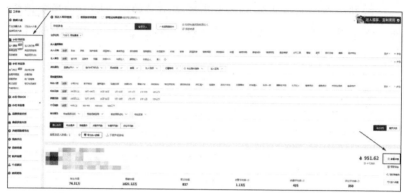

图 3-7　通过千瓜数据查看竞品账号的发展潜力之具体步骤

　　进入下一界面后就可以看到该账号当前的运营情况以及平台根据当前的运营情况做出的趋势预测，包括粉丝趋势、点赞趋势、收藏趋势以及评论趋势，而且在查看数据趋势时可选择的时间有近 7 天、近 30 天、近 90 天和近 180 天，默认是近 30 天，运营者可以根据自己的需要进行选择。

　　以美食博主"陈说美食"为例，该账号在小红书平台上拥有近 80 万名粉丝，在美食博主中属于头部账号了。通过千瓜数据可以看到，无论是粉丝数量还是点赞、评论、收藏的数量，该账号都呈现出递增的态势。

　　由此运营者就可以判断出"陈说美食"这个账号的发展潜力是比较大的，如果自身账号的定位和其类似，该账号做得好的地方就可以作为参考。同样的道理，如果在进行竞品分析时发现竞品账号的发展潜力不是很大，而自身账号的定位方向又和其比较类似的话，运营者就需要重新思考一下自己的定位了，不然将来很有可能会遭遇发展瓶颈。

3.2.4　搜集、整理竞品账号的信息

在确定了竞品分析的对象和维度之后，接下来要做的事情便是搜集、整理竞品账号的信息。这一点对于运营者来说是比较简单的，因为涉及的无外乎点赞、评论、收藏以及粉丝等这些数据，如果涉及带货或直播，还应重点关注这些数据。

虽然简单，但也不可过于大意。运营者应该从整体到局部一一进行分析，从整体上查看竞品账号的内容方向和风格。就拿美妆品类来举例，有的博主走的是高端路线，整体的笔记延续高端、大气、上档次的风格；而有的博主则非常善于利用对比来凸显自己的化妆技术，小红书账号的运营者要对竞品账号的整体运营情况有一个大致的了解。

运营者要从局部上对比较典型的笔记进行分析。比如同一账号下有一篇笔记的数据远远超过其他笔记的数据情况，运营者就要深入分析这篇笔记之所以最为火爆的原因，抑或是某一篇笔记的数据特别差的原因，运营者都要一一进行了解。

只有对竞争对手的整体和局部的运营情况和信息都了然于胸，才能更好地找到对方的劣势和自己区别于对方的优势所在，从而帮助自己更好地运营账号。

 ### 3.2.5　总结得出竞品策略

以上所进行的四项工作，都是为了最终能够得出一个有利于自己日后运营的策略，帮助自己在之后的运营过程中更加得心应手，也进一步确保运营效果更好。

那么如何才能总结得出一个适合自己的竞品策略呢？这里不得不引入一个老生常谈的概念——"SWOT 分析法"，虽说这是一个老生常谈的概念，但是应用在竞品分析上却能够起到关键的作用。

所谓"SWOT 分析法"，指的就是基于内外部竞争环境和竞争条件下的态势分析，是将与研究对象密切相关的各种主要内部优势、劣势与外部的机会和威胁等，通过调查列举出来，并依照矩阵形式排列，然后用系统分析的思想，把各种因素相互匹配起来加以分析，从中得出一系列相应的结论，如图 3-8 所示。

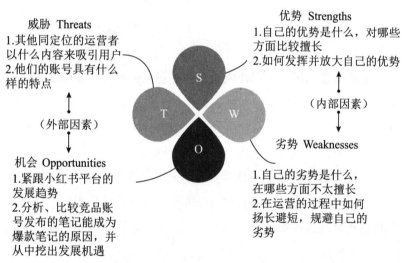

图 3-8 "SWOT 分析法"

通过"SWOT 分析法"进一步明确了自己的优势、劣势以及所面临的机会和威胁之后，再来总结得出自己的竞争策略就比较简单了。

比如同为穿搭领域的博主，博主 A 经常分享的穿搭的确非常具有观赏性，但是不够实用和日常，那么将其作为竞争对手的博主B在得知对手的这一劣势之后就可以围绕这一个点进行突破，分享更多有关日常的穿搭技巧，以此来吸引更多的用户。

总而言之，小红书账号的运营者要明确做竞品分析的目的是为了给自身做参考，最终的落脚点要落到自己身上，要学会从中吸取经验教训，放大自己的优势，弱化自己的劣势，并且找寻合适的机会超越竞争对手。

3.3 高阶篇：个人品牌越鲜明，影响力越大

如果说进行竞品分析是为了打造账号的核心竞争力，那么想要让这种核心竞争力变得更具特色一些，就要进行个人品牌定位，让个人的影响力更大，从而推动账号的可持续发展，帮助运营者在小红书这个平台上走得更加长远。

正如美国著名学者汤姆·彼得斯说的那样："21世纪的工作生存法则就是建立个人品牌。"在他看来，不只是企业、产品需要建立品牌，个人也需要建立个人品牌。

什么是个人品牌？简单说来，个人品牌是自媒体时代下每个人通过互联网所带给别人的印象，是别人对你的认知，是个人在公众心中的立体形象。

既然是更高阶的玩法，个人品牌对于个人到底有哪些价值呢？总的说来有以下几点，如表3-3所示。

表 3-3　打造个人品牌的价值

序　号	价　值	含　义
第一点	提升溢价	同样作为新媒体培训讲师，秋叶老师的报价就会比一般的培训讲师高，即便内容大致是相同的，这就是个人品牌对于价值的提升作用
第二点	通过个人影响力实现变现	当利用个人品牌成功提升个人影响力之后，就可以通过各种各样的方式实现变现，如接广告、做社群、付费咨询等
第三点	拥有选择权和更多的机会	成功打造出个人品牌之后，就会有越来越多的企业、商家抛出"橄榄枝"，机会越来越多，供自己选择的余地也越来越大

　　在知晓了什么是个人品牌以及个人品牌的具体价值之后，运营者们最想知道的恐怕就是如何打造出一个鲜明的个人品牌了。

　　在这之前，笔者想要强调的是，打造出一个成功的个人品牌绝非易事，需要运营者有坚定的信心和持久的恒心，否则是难以成事的。

　　其实当前市面上针对打造个人品牌的课程和训练营都非常多，供运营者学习、提升的渠道也非常多。尽管如此，还是有很多人对于个人品牌的打造处于一种云里雾里的状态，要么就是压根不敢往这方面想，要么就是在进行到一半时选择了放弃。

　　不过这条路难走归难走，并不等于无路可走，运营者想要通过小红书平台打造出属于自己的个人品牌还是有方法可以参照的。

3.3.1　打造个人品牌的方法

古希腊哲学家柏拉图有这样一句名言："我是谁？我从哪里来？我要到哪里去？"后世称其为"终极三问"。"终极三问"是一个哲学命题，很多人用它来思考人生的意义。不过，它绝不只适用于哲学领域，生活以及工作中的很多命题都可以借助"终极三问"来进行分析、探究，比如如何打造个人品牌，只不过需要对这三个命题进行适当的演变，将其转变为我是谁、我的个人特色以及我的个人形象传播，如图 3-9 所示。

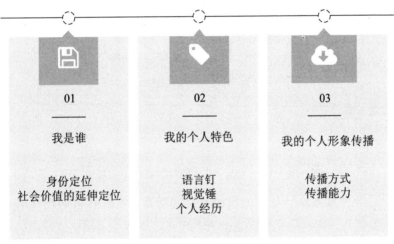

图 3-9　打造个人品牌三步法

❶ 我是谁

关于"我是谁"这个问题有一个非常好的检验标准：能否通过 15 秒的自我介绍让别人知道并且记住你？通常情况下可以沿用固定公式，即"身份定位 + 社会价值的延伸定位"，相对而言这一方式是最为稳健的个人品牌定位方式。

身份定位是基于本职工作而言的，比如人力资源总监、畅销书作家、家装设计师等，是为了告诉大众自己所从事的行业，如果是专职的小红书博主也可以进行说明，这一点在升级小红书账号时也有体现。

小红书普通号在升级专业号时有一个固定的环节——"身份选择"，如图 3-10 所示。

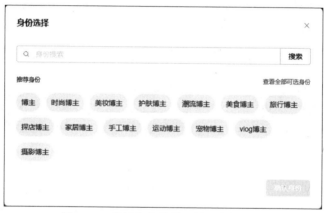

图 3-10　升级专业号的环节之身份选择

平台设置这一环节的目的是提醒运营者在进行内容创作时要更加垂直，同时也是帮助运营者在用户心中树立一个比较鲜明的个人形象。

除了本职工作以外，运营者还可以介绍自己所经营的业务以及自己所具备的专业技能。通俗理解就是让自己拥有一个鲜明的个人标签，常见的标签有三种类型，分别是企业标签、业务标签和技能标签，如表 3-4 所示。

表 3-4　个人标签常见的三种类型

类　型	含　义	举　例
企业标签	介绍自己在某企业中的职务	小米创始人——雷军 盖娅传说总设计师兼艺术总监——熊英 Xiur 上海市锦天城律师事务所合伙人——王剑锋
业务标签	介绍自己所经营的主要业务	IP 打造，达人孵化——云蔓创业说 拥有 1000 瓶香水的摄影师——裤子说香水 关于星座的一切，我来告诉你——陶白白 Sensei
技能标签	介绍自己的专业技能	中国最会读书的人——樊登 资深企业 Office 培训师——Excel 卓哥说 十多年手绘基础——插画师小玲玲～

　　运营者在为自己定义个人标签时，可以参考以上三种类型，如果自己有比较好的个人创意也可以使用，但要注意个人标签要尽量简洁，让用户一眼就能记住，因为没有人会对一个复杂的个人标签产生记忆点。另外，运营者还应记住一个原则：与其第一，不如唯一。针对竞争比较激烈的行业来说，与其去争抢行业第一，不如定义一个专属于自己的个人标签，在用户的心中留下特殊的印象。

　　社会价值的延伸定位则更多的是基于兴趣爱好、副业或是第二职业形成的，这样在向大众诠释"我是谁"时就可以有更多的延展，进一步丰富自己在大众心中的形象，从而让个人品牌更加立体。比如企业家王石，除了企业家这一个身份外，他还是登山爱好者，同时也是一位环保低碳生活倡导员。

　　当用户接收到这些不同的信息时，首先会在脑海中进行组合，并且会不自觉地给对方打上各种标签，当这些标签被越来越多的人认可，也就意味着个人品牌已经在大众心中树立起来了，在之后的发展中只需要垂直深挖，维护好个人形象即可。

无论是身份定位还是社会价值的延伸定位，都必须符合主流的社会主义价值观，而且要尽可能地符合大众的审美需求。虽然小红书平台一直在强调多元化发展，但多元化不等于抛弃现有的大众审美，为了博取关注，一味地哗众取宠是不合适的。

❷ 我的个人特色

个人特色很好理解，就是和其他人的区别，简单来说就是要有一个能够让用户很快记住的"点"。比如家装博主"设计师阿爽"在每期视频结束时都会说："我是阿爽，爱设计超过爱男人。"美食博主"大金小金 mini 金"每期视频结束时的标志性语言是："我是小金，一个给老婆做饭的男人。"

简单的一句话就给用户留下了比较深刻的印象，很多用户也会在心中对这个账号进行简单的定义，这其实就是所谓的"语言钉"——通过一句能够代表个人独特观点或独特个性的语句，加深在用户心中的印象。

需要注意的是，"语言钉"不可简单地等同于口头禅，"语言钉"要具备足够的代表性，要足够独特，而且最好能够体现出个人价值。比如上文提到的"大金小金 mini 金"，作为小红书平台上比较火爆的美食类目下的博主，他凭借着"给老婆做饭"这一个人特色，目前在小红书平台上已经拥有了近 15 万名粉丝，获赞与收藏接近80 万次。

除了"语言钉"，"视觉锤"也是能够凸显个人特色的一大利器。

就像很多人一听到扎克伯格的名字，脑海里就会浮现出他穿着灰色 T 恤的模样；一提到李子柒，就会想到古风、田园等景象。其实这些都是经过精心设计的，非常符合他们的人物设定，能够恰到好处地彰显出他们的个人特色。

除了根据人物设定来设置"视觉锤"，还可以通过搞怪、反差的方式来加深用户的印象。比如目前在小红书平台上拥有超过 40 万名粉丝的账号"张若宇"，他为自己设置的"视觉锤"就是一张敷着面膜的脸，很多用户正是通过这一特点而记住他的。

就通常情况而言，一个账号只要具备"语言钉"和"视觉锤"这两个要素就已经足够让用户对账号的调性和内容进行熟悉和了解了。不过有的高端玩家还会通过一个打动人心的故事来稳固自己的个人品牌，进一步提高自己的知名度。

比如小红书博主"木夕＿木"，一直以来她在粉丝面前打造的就是一个热爱生活的单亲妈妈形象，她在 Vlog 中展示自己的生活，向粉丝讲述自己的过往经历，很快她就和很多女性粉丝尤其是和她一样的单亲妈妈达成了共鸣。运营小红书账号两年时间，她就拥有了超 40 万名的粉丝，并且还借此机会创立了自己的服装品牌和店铺。

需要注意的是，和粉丝讲述自己的个人经历有一定的风险，如果操作不当，很有可能会造成粉丝的误解甚至是厌烦，比如"木夕＿木"就曾被粉丝质疑通过向粉丝"卖惨"来博取同情。因此，为了避免弄巧成拙，运营者在向粉丝讲述自己的个人经历，分享自己的人生感悟时要慎之又慎，以免造成"一着不慎，满盘皆输"的局面。

❸ 我的个人形象传播

打造个人品牌关键的是要将自己的个人特色宣传出去。当今时代是一个人人都能发声的时代，每个人都能通过网络平台发出自己的声音，传达自己的观点。

这和以往人们说的"酒香不怕巷子深"全然不同，如果别人都在主动宣传，只有自己在被动等待别人发掘的话，很有可能还没有等到别人青睐的目光，自己就已经被一波又一波的浪潮"拍死"在海滩上了。

所以即便自己很低调，也要高调宣传自己很低调，就像一些被贴上"有颜有演技，就是太低调了"的标签的明星，其实他们并非真的低调，只是在刻意打造低调的人设，试想一下，如果他们真的非常低调，又怎么会被媒体报道，还会被大众知晓呢？

因此，想要打造个人品牌就要对传播高度重视，要学会自我宣传。在这个人人皆可成为"网红"的互联网时代，有才华很重要，但学会把自己的才华推销出去更重要。

在小红书平台上，想要宣传自己当然是通过一篇足够出彩的笔记。关于如何打造爆款笔记，好让自己得到更多的关注，后文会有详细的介绍，在这里只是强调打造个人品牌要具备较强的宣传意识，要通过各种宣传渠道扩大自己的影响力并让这种个人影响力持续下去。除了小红书平台，还可以多平台同步矩阵运营，打通各个传播渠道，让各个平台相互引流。

在当今这个网络时代，不乏有人因为一句话、一个动作引起社会的广泛关注，甚至有人因为一个纯真无邪的笑容火遍大江南北，但有人能够成功抓住趋势，一直活跃在大众眼中，有人却只能如火光乍现般转瞬即逝。那些没能抓住趋势的人，其实就是因为缺乏个人品牌意识，所以才没能"趁热打铁"，没能在用户心中烙下深刻的印记。因此，对于运营者来说，想要在小红书平台上快速地"出圈"，打造个人品牌是刚性需求而非弹性需求，是标准配置而非高级配置。

但是对于每个人来说，精准定义自己的个人品牌并且能持续输出优质的内容，着实是一个巨大的挑战。虽然学习了很多打造个人品牌的方法，但正所谓"看花容易绣花难"，真正实际操作起来还是会陷入一些误区。

 ## 3.3.2　打造个人品牌的误区

很多人在打造个人品牌的路上都或多或少地遇到过这些问题：

明明设置了比较鲜明的个人标签，在内容中也加入了一些比较能体现个人特色的"点"，可用户对此好像"不感冒"，只好标签一变再变，最终账号整体的调性越来越同质化，失去了个人特色；

"舍不得孩子，套不着狼"，为了更快地建立个人品牌，在前期投入了一部分资金，希望能快速打开自己的知名度，可为什么迟迟不见成效；

考虑到大部分粉丝都特别讨厌各种形式的营销，所以在打造个人品牌的前期一直专注于内容，没有考虑变现的相关事宜，可最后的结果却是耗费巨大心力积攒下来的粉丝无法帮助自己变现。

之所以出现这些问题，是因为这些运营者对打造个人品牌存在巨大的误解，抑或是只知其一，不知其二。虽然运营者在循规蹈矩地努力打造个人品牌，但实际上同个人品牌的核心内涵越来越远，运营者只是围着"灶台边"转，始终没有领悟到个人品牌真正的核心要义。

针对打造个人品牌，常见的误区有以下三种。

❶ 不顾及用户的感受

很多运营者在运营小红书账号之初就被告知，一定要选择自己感兴趣且相对而言比较擅长的领域，否则可能难以坚持下去。

这个观点是正确的，只有坚持创作、输出自己感兴趣的内容，才有可能取得更长久的发展。如果为了适应市场环境和用户的需求，而逼迫自己选择一个不擅长且不感兴趣的领域，最终的结果只能是"搬起石头砸自己的脚"，将自己置于一个"死胡同"里。

不过与此同时，也会有一些人因此而陷入一个误区，那就是只考虑自己的喜好，在打造个人品牌和创作内容时过多融入自己的想法，完全遵从自己的喜好，全然不考虑用户的感受，比如"我觉得粉丝会更喜欢这样的搭配""现在谁还会喜欢那样的风格啊，肯定是我这种风格比较受欢迎"……

他们之所以产生这样的想法，其实是对个人品牌的含义理解得还不够透彻，还没有理清打造个人品牌的底层逻辑，不明白打造个人品牌是否成功的评判方在于用户而不在自己。无论是产品品牌还是个人品牌，之所以能成为品牌，是因为其占领了用户的心智，得到了用户的认可，否则只能是生产者的自娱自乐，而不具备任何可以延伸的价值。

所以想要成功打造个人品牌，首先就要具备用户思维，凡事要换位思考，站在用户的角度，深入考虑用户是否会喜欢，而不是仅凭自己的"一腔热血"闭门造车。

❷ 投入过多的成本

还有一部分人为了尽快打造出一个成功的个人品牌，在前期不惜花重金通过各种渠道来帮助自己提升知名度，比如和小红书达人进行互动，抑或是直接雇用小红书上的用户发布和自己有关的笔记，企图通过扩大覆盖面的方式来强化用户印象。

但是他们没有意识到针对本身没有什么知名度，却强行进行各种营销的现象，大多数用户是非常反感的，无论是一个账号还是一款产品，一味地营销只会适得其反。而且小红书平台如今严厉打压这种情况，不排除会对这类账号进行降权处理。

投入资金成本之后如果迟迟不见成效，没有一点回报可言，极有可能会导致博主在进行内容创作时方向不够坚定，对自己原本定好的方向和目标失去信心，容易摇摆不定，甚至最终会因为入不敷出而放弃运营小红书账号。

当前不管是平台与平台之间的竞争，还是达人与达人之间的竞争，都是非常激烈的，为了能更有成效地打造出个人品牌，投入资金是可取的，但作为博主来说，还是应该具备一定的风险意识，在投入资金前要权衡利弊，不要盲目跟风。

❸ 不事先考虑变现事宜

在大多数运营者看来，当个人品牌打造完成之后，变现就变成了一件顺理成章的事情，因为此时已经具备了一定的粉丝基础。

但是这些人没有意识到，目前其所拥有的粉丝很有可能不是自己的目标用户，即便个人品牌再响当当，满足不了粉丝的需求，他们也是不会"买单"的。比如 2021 年 6 月，某连锁火锅店品牌连续关停、注销了多家设在三、四线城市的门店，某城市门店的负责人表示："关店的原因主要是门店上座率太低，生意惨淡，起初因为强大的品牌效应吸引来的顾客还是不少，但是仅仅依靠品牌效应还是无法持久地吸引客流，一段时间后顾客就逐渐流失了。"

换言之，该品牌在入驻三、四线城市时没有提前考虑到当地用户的消费需求，更不用说根据当地的实际情况进行相应的调整了，所以很多网友评价："他们就是单纯靠流量扩张，其实又贵又不好吃。"

这就是空有品牌，不考虑实际变现效果的后果。如果打造好的个人品牌不能为自己带来收益，那也只是一个空壳而已，所以在打造个人品牌前就应该想好变现模式。

而且事先确定变现模式可以很好地利用粉丝的时效性特点进行"趁热打铁"式的营销，通过满足粉丝当下的实际需求来达到变现的目的。另外，在考虑变现模式时应注意不能单一地聚焦某一个领域，而是应该广撒网，这样才能更大程度满足不同粉丝的需求。

打造个人品牌并非一件易事，需要小红书账号的运营者在具体的运营过程中认真揣摩、仔细研究，找到适合自己的方向，然后沿着这个方向走下去。但是要注意，任何事情都不是一成不变的，博主在实际运营的过程中要与时俱进，要根据现实情况调整自己的运营思路和操作方式。

第 4 章

内容：打造爆款笔记的秘诀

运营小红书账号，仅仅依靠流量是不可能长久的。无论处于何种品类，唯有顶级内容才是"王道"。想要让小红书账号实现长期价值，拒绝"昙花一现"，就要重视内容的打造。

4.1　为什么你写的笔记无法成为爆款

"唉！最近不知道怎么回事，笔记流量变得特别差，有好几篇笔记甚至都没有被平台收录，更不要谈爆文了，想找出原因但又不知道如何下手。"

"我也遇到了相同的情况，每发布一篇笔记之前我都反复检查，自认为笔记内容质量非常高了，但笔记发布之后就是没什么效果，导致每篇笔记我都要进行反复修改，我现在的想法就是只要笔记不石沉大海就行，至于爆款笔记我是不奢求了……"

以上是两位小红书账号的运营者关于打造爆款笔记这一话题的讨论，或者可以说是无奈。在他们二位看来，想要在小红书上打造出一篇爆款笔记简直是"难于上青天"。

事实上，同样遭遇这个问题的又岂止他们二位，虽然很多人渴望成功打造爆款笔记，但其实他们对爆款笔记并没有一个清晰的概念。很多人把在平台上打造爆款笔记视为买彩票，运气好的时候笔记能轻轻松松上热门，运气不好的时候笔记是否能被平台收录都是一个问题。

随着"号店一体"机制的推行，小红书平台上的竞争越发激烈，每天有几十万篇笔记在小红书上生成，如何在这"重重包围"之下杀出一条"血路"，是压在每一位小红书账号的运营者胸口的一块重石。他们渴望得到一些切实可行的方法，使得自己创作的笔记能更大程度上得到小红书用户的青睐，成为爆款笔记。

但孔子有云："学而不思则罔，思而不学则殆。"只知道寻求解决办法，对自己以往的错误做法却不加以思考、修正，就难以真正得到成长和突破。

方法存在的意义是为了解决问题，但是要想获得针对某件事情的解决方法，首先需要做的是找到问题出现的具体原因，不要盲目寻求各种解决方法，更不能抱着"死马当作活马医"的心态去解决问题，否则只会让自己陷入更大的"危险"之中，并且面临的问题也会越来越多。

就通常情况而言，大部分小红书账号的运营者无法打造出爆款笔记的原因来自以下几个方面，如表 4-1 所示。

表 4-1　小红书笔记无法成为爆款的原因

序号	原　　因	具 体 含 义
1	站位偏离用户需求	没有站在用户的角度深入思考用户的需求，仅凭着自己的感觉进行创作
2	笔记内容与定位不符	为了追求热点，发布与自身定位无关的笔记
3	首图不具备吸引力	首图看上去非常随意，没有触及用户真正的兴趣
4	标题不具备吸引力	标题过于平淡，无法激起用户的兴趣和好奇心
5	没有进行关键词布局	没有布局关键词，用户无法通过较为精准的关键词搜索到笔记
6	评论区维护不到位	评论区过于杂乱，很有可能让用户产生抵触情绪
7	缺少互动行为	为了突出自己的个性化形象，不愿意在平台上与其他用户进行互动
8	没有紧跟平台规则	对平台规则不够敏感，经常处于滞后状态

4.1.1　站位错误

　　一篇笔记是否能够满足用户的需求，是决定它是否能够成为一篇爆款笔记的重要因素。运营者如果仔细观察平台上当前比较火爆的笔记，就不难发现，几乎每一篇笔记都是为了解决某一部分用户的需求而存在。

　　无论是"种草"笔记还是攻略合集，抑或只是简单地分享自己当下的感受，甚至是向小红书用户发出求助，其本质都是站在用户的角度，满足用户的需求。有人可能会产生疑问：向小红书用户求助怎么能算作是满足用户的需求呢？运营者需要明白的是，需求的满足不限于得到什么东西，帮助别人解决某个问题也是满足了自己的需求，所谓"赠人玫瑰，手留余香"就是这个道理。

　　比如小红书某用户此前发布了一篇求助帖，内容是煮白粥究竟怎么做才不会溢锅，如图 4-1 所示。

图 4-1　小红书某用户发布的一篇求助帖

由图 4-1 可以看到，这篇笔记获得了 2404 个点赞、301 个收藏以及 1.7 万条评论，单从这三项数据来看，这篇笔记是可以称之为爆款笔记的，而这也并非小红书账号上的个例。可能有人会质疑，这位博主说不定真的只是想向用户求助而已，根本没有打造爆文的概念。话虽如此，但作为小红书账号的运营者，不得不深入思考这一现象，为什么类似这样的笔记能够成为爆款笔记呢？原因就在于它满足了用户的需求，相比那些一味地推销、宣传某款产品却不考虑用户实际需求的笔记来说，用户更愿意看这一类内容。

举个例子，某养生银耳品牌商通过小红书平台推广自己的产品，连续发布了多篇笔记，如图 4-2 所示。

图 4-2　某品牌商发布的推广笔记

这些笔记都已发布了近一个月的时间，点赞仍然保持在个位数，评论、收藏的数量也是"惨不忍睹"，最终推广的效果可想而知不会太好。

因此，小红书账号的运营者在进行内容创作时要注意不能凭着自己的想象和感觉，而是应该站在用户的角度，思考用户可能感兴趣的内容，围绕着用户进行创作，只有真正站在用户的角度、为满足用户的需求而创作的内容，才更有可能成为爆款笔记。

4.1.2　笔记内容与定位不符

几乎所有的内容平台一直以来都非常强调一个概念——垂直深耕。运营者在确定账号的定位之前要深思熟虑，但是定位一旦确定就不要再随意进行更改了。

并且此后创作的内容都要尽量围绕着这一定位来展开，即便短时间内可能无法获得很好的效果，但是也不能"见风使舵"，随意更改自己的账号定位和具体内容的调性。

比如专注于萌娃吃播内容的博主"石头的美好生活"，在运营账号之初以萌娃为主要内容，由于内容垂直且更新频率比较快，再加上当时同类型的竞争者比较少，所以没多久就收获了一大批粉丝。

当受到的关注越来越多，就开始有越来越多的宝妈在评论区留言，想要宝宝辅食的教程。起初，该账号的博主没有什么运营经验，对账号、内容要定位这事也不是很了解，于是直接将辅食教程上传到了该账号下。

连续几次这样的操作之后，该账号的博主发现笔记的浏览量越来越低了，点赞、收藏、评论的数量相较之前几乎呈现出断崖式下跌的状态，而且此前应粉丝要求发布的辅食笔记也根本没什么人关注。正在苦恼之时，这位博主注意到了一位粉丝的留言，建议他不要将两种定位、内容不同的笔记发布在同一个账号中，不然有可能会影响到平台对内容的推送。

这才让这位博主恍然大悟，于是开通了另一个账号——"石头妈辅食"，将之前发布的与辅食相关的笔记都转移到了这个账号中。大概一个星期之后，果然"石头的美好生活"账号下的笔记浏览量开始有了明显的回升。

所以在非必要的情况下，不要挑战平台的算法机制，发布与账号定位不匹配的内容，虽然不排除有个别运营者发布与本身定位不符的内容后得到了用户的一致好评，但这并不代表每位运营者都可以效仿。作为小红书账号的运营者，还是应该遵守、顺应平台的规则和玩法，以免被平台抛弃。

🪴 4.1.3　首图不具备吸引力

小红书笔记的封面，官方也称之为头图、首图。无论是内容平台还是电商平台都逃不开一个底层逻辑——具有吸引力的首图能够大大提升内容点击率，甚至有资深运营者在向初级运营者传递运营经验时说："小红书笔记的阅读量不高，80%是因为首图不具备吸引力。"

为了证明这一观点，笔者特意在小红书平台上找到两篇发布时间、内容以及形式都较为相似的笔记，如图4-3所示。

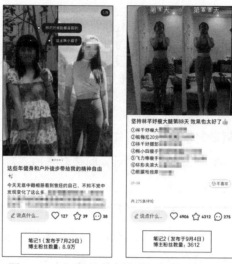

图 4-3　小红书平台上较为相似的两篇笔记

　　这两篇笔记都以健身这一话题作为主要内容。从发布时间来看，笔记 1 比笔记 2 早发布近一个月；从博主粉丝基础来看，笔记 1 的博主拥有 8.9 万名粉丝，笔记 2 的博主拥有 3612 名粉丝，粉丝数量差别很大；从首图构图来看，笔记 2 的首图背景略显杂乱，整体视觉效果也比较昏暗；从内容上来看，笔记 2 的内容远不如笔记 1 丰富。但是，笔记 2 最终收获的实际效果却远远超过了笔记 1。

　　原因何在？最主要的原因就在于如果单从健身这一角度来看，笔记 2 的首图左右对比更加强烈，而且在首图中标注了具体的时间（第 1 天和第 88 天）。当用户在信息流浏览到此篇笔记时，就会不自觉地想要点击笔记，询问博主有关健身方面的问题，而且会想要点击进入博主的主页，浏览更多的内容。

　　这就是笔记首图对于笔记阅读量增长的意义所在，虽然它不能完全决定笔记的阅读量，但是笔记能否成为爆文，首图的设计、使用是非常关键的。因此，运营者在设计首图时要尽可能地突出主

题，同时要保证首图能在一瞬间抓取到用户的注意力，吸引用户点
击查看笔记。

4.1.4 标题不具备吸引力

如果说首图是一篇笔记带给用户的第一印象，那么，标题就是
笔记带给用户的第二印象，二者互相依存。

为了证明标题对于一篇笔记最终获得效果的实际影响，笔者
从小红书平台上选取了两篇发布时间、内容、形式都较为相似的笔
记，如图 4-4 所示。

笔记 1（发布于 8 月 23 日）　　笔记 2（发布于 8 月 13 日）
博主粉丝数量：7.5 万　　　　　博主粉丝数量：3.5 万

图 4-4　小红书平台上较为相似的两篇笔记

这两篇笔记都以萌娃摄影作为主题，而且落脚点都是在拍摄场景上。二者的区别在于：从发布时间上来看，笔记 1 较笔记 2 晚发布 10 天；从博主的粉丝基础上来看，两位博主的粉丝数量均已破万，笔记 1 的博主拥有 7.5 万名粉丝，笔记 2 的博主拥有 3.5 万名粉丝；从首图上来看，两篇笔记本均以摄影为主题，无论是构图、背景还是摄影技术都不相上下。但是，为何笔记 2 的数据要远超过笔记 1 呢？

问题就出在标题上。一眼看上去，笔记 1 的标题似乎过于平淡，博主已经通过标题向用户说明了照片的拍摄地点是小区天台，而笔记 2 则隐藏了这一信息，首先引出了"摄影师都是大骗子"这一话题，然后设置了一个疑问，用户看到这篇笔记之初就会对照片的拍摄场景感兴趣，会联想拍摄场景是什么样的。为了验证自己的联想是否正确，用户自然而然就会点击笔记查看答案，如此一来，成为爆款笔记的又一道门槛就顺利通过了。

此外，运营者要有明确的概念，即首图和标题对于笔记能否成为爆款是同等重要的，只有当两者相得益彰的时候，笔记成为爆款的可能性才更大，仅仅依靠某一个要素，是不足以吸引用户点击查看笔记的。用户都没有兴趣点击查看笔记，笔记又怎么能成为爆款呢？

4.1.5　没有进行关键词布局

前文在介绍小红书平台的推送机制时曾提到，用户浏览、查看小红书笔记有两个渠道：一个是首页信息流推荐，另一个是搜索渠道。

通常情况下，平台会给予笔记初始推荐量，但如果笔记在这个初始推荐量的范围内阅读量没有涨上来的话，那么笔记几乎不可能进入更高一级的流量池，自然也就无法获得更多的推荐。这种情况下，如果不进行关键词布局的话笔记就很难再得到更多的曝光了。

在无法保证笔记在初始推荐阶段能够产生比较好的实际效果的情况下，运营者就要想办法进行关键词的布局，只有对搜索入口的排名关键词进行布局、强化，笔记才有可能被有需求的用户搜索到。

而且小红书账号的运营者还应该知道，小红书笔记的推送、搜索是一个长期、积累的过程，并不是说笔记发布之后一周、一个月或是三个月没有成为爆款笔记，之后就都没有成为爆款笔记的机会了。

以"可乐鸡翅"为例，用户在小红书上搜索该关键词，排在前三位的笔记均发布于 2019 年，这告诉运营者在运营小红书账号时要抱着"长期主义"的想法，短时间内能打造爆款笔记自然是好，但是短时间内没有打造出爆款笔记也不要气馁，要将眼光放长远一些。

简言之，优质的内容再辅以关键词布局、强化，随着时间的推移，笔记成为爆文的概率还是比较大的，当然了在这个过程中也要保证其他方面协调得足够好。

4.1.6 评论区维护不到位

相信现在很多人在阅读文章、浏览笔记、视频时都会有这样的感受：评论区实在太精彩了，甚至有时候有一些"神评"远远超过了内容本身，无论是幽默反转、文艺感性、励志向上，都能极大地吸引到自己的注意力，有时候其实都已经退出当前界面了还会再返回看一遍评论。

小红书等内容平台之所以能发展得这么好，很大一部分原因就在于这些平台所具备的社交互动属性。

一个能够拥有众多粉丝的小红书账号，除了要做到内容优质外，还应运营、维护好评论区。但是往往有很多运营者并没有意识到这一点，在他们的观念里，只需要用心创作出优质的内容，评论区是之后的事情，就让粉丝们自由讨论吧，自己也无须干涉。

拥有这种想法，只能表明这一类人把运营小红书账号想得过于简单了。举一个非常简单的例子，如果评论区中有用户针对笔记内容提出建议或意见，博主难道也置之不理吗？比如上文提到的"石头的美好生活"，如果博主不是因为看到用户在评论区中提出的那条建议，指不定还需要多长的时间才能意识到原因所在。所以，查看评论区是非常有必要的。

当然，运营者不应该只停留在查看评论区这一步，还应维护好评论区。比如有用户在评论区中评价了一条极其负面的消息，并且还排在靠前位置，如果运营者不及时予以回复或进行其他处理，任由它继续发酵的话，极有可能会对账号产生非常不好的影响。

当然了，评论区也并不是只有意见、建议或者负面评论，也会有很多有趣的评论，如果博主一直对这些评论不予以理睬或回应的话，尤其是一些询问产品链接的评论，难免会让粉丝认为博主怎么这么高冷，这样可能会打消他们的积极性，很有可能他们以后就不愿意再评论了，那么账号的效果可能会越来越差。

因此，偶尔回复一两条比较有话题性的评论还是很有必要的，而且这种行为不仅能够进一步拉近运营者和用户之间的距离，也对账号的运营效果有很大的加成作用。

4.1.7 缺少互动行为

很多人在与人交往的过程中都会有这样的感受：当你热情地和某人打招呼，但对方只是冷冷地看你一眼，甚至是不给予半点回应，一次两次可能还不会怎么样，但如果一直是这样的状态，你也就不愿意再与他进行交往了。

在内容社区平台上也是同样的道理，虽然说是线上，交流、沟通没有线下那么即时，但互动也是非常关键的。试想一下，如果一个社区里面说话的永远只有那么一拨人，另一拨人只是充当着看客的角色，想来这个社区的发展前景也不会太好。

如果说小红书是一个大的社区，那么每个单独的账号就可以被视作一个小的社区，博主就是这个小社区里的主要人物，博主创作的内容就是这个社区交流、沟通的媒介。

如果一直是博主在创作内容，没有用户留言，博主的运营也会越发索然无味。同样的道理，如果博主创作一篇笔记之后，用户对此反应激烈，可博主没有一丁点儿想要和他们互动的意思，久而久之，粉丝就不愿意与博主互动了。

这里的互动要和上文提到的维护评论区区别开来。举一个例子，一位美妆博主发布了一篇笔记之后，有用户在评论区留言："觉得很不错，博主可以出一期关于如何画眼妆的视频吗？"这位博主看到这条评论后，没有马上回复，但是之后出了一期关于如何画眼妆的视频，并在文案中 @ 了当时留言的那位用户，这就是互动，虽然他们没有在评论区进行交流，但是博主以实际行动回应了用户。

这位博主的做法会大大增加其在用户心中的好感度，而且有可能会因此收获一拨忠诚粉丝。

除了和粉丝之间的互动，博主还应重视与其他博主之间的互动。比如同属于一个地区的博主或是由一个博主发散出来的多个账号，就可以加强互动行为，这种互动行为的好处就在于可以互相引流。比如在笔记中 @ 其他博主，这样不仅可以吸引到自己的粉丝，还能吸引到被 @ 博主的粉丝。

总而言之，小红书博主的所有行为都要和正常用户一样，不能因为自己的曝光量增加了，有更多的人关注自己，就刻意隐藏自己的一些行为，这是不利于平台对其创作的内容进行推送的。

 ## 4.1.8　没有紧跟平台规则

笔记之所以无法打造成爆款，除了上述原因外，还有一个原因，即博主在创作、运营的过程中，没有紧跟平台规则。

任何平台、产品都会随着战略思想、运营方向的变化而对自身的规则进行调整。和其他互联网平台一样，小红书为了适应社会发展的需要，不断满足用户的需求，其规则也一直在发生着变化，有些具体的操作规范也一直在调试的过程中。

而每一次平台规则的调整，都会影响到每一位小红书用户，尤其是博主和商家。如果博主和商家不及时了解相应的规则变化，很有可能在发布笔记时违反平台的某些新规定，从而影响平台对笔记的推荐和曝光。

举个例子，2020 年"双十一"前期，小红书和淘宝达成协议，开始在平台内测淘宝外链。虽然仅限于品牌商和部分博主，此消息发布后，有很多业内人士抓住了机会，小赚了一笔。但是这一规则只持续了不到一年的时间，2021 年 8 月 2 日，小红书宣布切断带货笔记中的外链，并且严厉打击软广。

如果小红书博主在这之后创作笔记时，没有觉察到平台的这一变化，仍然按照以前的"套路"发布笔记，是不是就有可能会受到平台相应的惩处呢？

当然了，紧跟平台规则并不是只有避开平台规定的不能做的事情，针对平台颁布的利好规则，运营者也要加以利用，抓住每一个对自己有利的机会，并灵活进行运用，真正"玩转"小红书。

中国古话讲："识时务者为俊杰。"博主想要倚靠小红书平台，就必须紧跟平台的规则变化，并根据这些规则变化及时进行自我调整，让自己更好地融入平台中。

以上就是笔记无法成为爆款比较常见的原因，与其懊恼，运营者更应该检查一下自己在进行内容创作和运营时有没有犯这些错误，如果不慎"中招"，就要想办法进行相应的调整。

4.2　小红书热门笔记类型

小红书是一个聚集着众多年轻人的生活方式分享平台，虽然他们乐于追求新潮事物，兴趣爱好多元化，也希望能窥见不同人的生活方式，但这并不意味着他们能够接受平台上所有的笔记内容。

这就能够解释为什么有一些用心做内容的博主一直坚持在平台上输出有观点、有价值的内容可一直不温不火，反倒是有些博主只是随手一拍，内容非常简单，可就是这样的笔记却经常荣登榜首。

虽然在外人看起来他们只是随手一拍，但仔细研究其实不难发现，他们所创作的内容恰到好处地抓住了用户的喜好，每一篇爆款笔记不偏不倚，正好都落在用户的兴趣点上，所以他们能获得成功。

这也就是说，运营者在埋头进行内容创作时，还需要抬头看看，了解一下平台上热门笔记的类型有哪些，再结合优质内容的创作标准，如此才更有打造出爆款笔记的胜算。

小红书平台上比较受用户欢迎的笔记类型主要有以下三种。

4.2.1　干货类笔记

干货类笔记泛指能够让用户看完笔记之后收获到某项小技巧或技能的笔记，比如美妆／护肤教程、美食教程、健身技巧、旅游攻略、办公小技巧等。

这类笔记需要博主在自己账号所属的领域内进行发挥，将具体的内容整理、归纳成通俗易懂的内容，而这类被归纳、整理好的笔记，通常是很多人所需要的。因为在当前这个信息、时间都越来越趋于碎片化的时代，很多人比较难以系统地学习一件事情，所以当这类笔记能够让他们在碎片化的时间里有所收获，并且能够满足他们的某种需求时，就会受到他们的欢迎。

比如美妆博主"程十安 an"，她入驻小红书已有近两年时间（截至笔者写作时），在这两年时间内，她收获了超 300 万名的粉丝，并且从千瓜数据的后台来看，该账号的发展前景是比较好的，几乎所有的指标都在稳步增长中。

她为什么能受到这么多人的欢迎？原因就在于她一直坚持用心输出和"变美"有关的内容。在笔记中她教粉丝各种有关美妆、护肤、穿搭的小技巧，如图 4-5 所示。

图 4-5 博主"程十安 an"小红书主页笔记截图

这些笔记发布于 2021 年 8 月上旬，截图时间为 9 月中旬。由图可以看到，这 4 篇笔记的点赞量，最高的达到了 14 万个点赞，最低的也有 7212 个点赞。并且随着这些内容在平台上被反复推送，这些数据还会不断上涨。

她的笔记之所以有如此高的点赞量，就是因为其中的内容含金量非常高，粉丝在看完之后收获满满，当然他们就更愿意"买单"。

很多运营者可能会思考："程十安 an"之所以受到越来越多人的欢迎，是因为她已经把个人品牌做起来了，所以很多人会慕名而来，这也不足以证明干货类笔记在平台上更受欢迎。

那么，来看下面这个例子，家居博主"Tshos"目前在小红书上拥有 1.4 万名粉丝，他于 2021 年 8 月 9 日和 8 月 11 日分别发布了一篇笔记。

截至 2021 年 9 月中旬，这两篇笔记，其中一篇获得了 38 个点赞、2 个收藏和 13 条评论；而另外一篇则收获了 1347 个点赞、1289 个收藏和 65 条评论，如图 4-6 所示。

笔记 1　　　　　　　　　　　笔记 2
图 4-6　博主"Tshos"相差两天发布的笔记效果截图

这两篇笔记的首图非常相像，看上去也都非常有质感，而且相较于笔记 2，笔记 1 的标题以及文案都更唯美一些，而笔记 2 的表达则非常直白。在很多人的观念里，似乎笔记 1 这样的标题在小红书上更受欢迎，但实际呈现出来的结果却让他们大跌眼镜。

类似这样的例子还有很多，事实也一再证明，干货类笔记在小红书上确实非常受欢迎。运营者可以依照这个路数去做内容，在做内容的同时发挥好标题、首图的重要作用。

以上列举的两个例子都属于干货类型下细分的经验分享类。除了经验分享、教程类的内容，干货类笔记还可以有很多可创作的点，比如分享自己踩过的"坑"、淘到的好物、好用的办公工具、好听的音乐、好看的电视剧、职场穿搭、读书分享，等等，统统都可以称为干货类笔记。

例如博主"橙清市井"发布的一篇笔记，内容是推荐一本很赞的育儿书，图片确实只是随手一拍，将书籍的封面清晰地呈现了出来。这篇笔记发布后收到了 3676 个点赞、4561 个收藏和 84 条评论，如图 4-7 所示。

图 4-7　博主"橙清市井"发布的一篇笔记截图

但是翻看这位博主的主页却发现，她只有不到 300 名粉丝，其他的笔记最多的也才两位数的点赞量，收藏、评论的数量更是屈指可数。

那为什么这篇笔记能成为爆款笔记？原因就在于笔记的内容迎合了很多用户的需要，用户能从中收获到自己想要的信息，所以才会发自内心地点赞、收藏、评论，和博主进行互动。

因此，小红书博主要抓住机会，沉下心来创作出更多更优质的干货内容，以内容制胜，通过不断满足用户的需求来吸引更多的用户，并提高用户留存率。

4.2.2　合集类笔记

合集类笔记应当说是当前小红书平台最受欢迎的笔记类型了。这绝没有夸张，因为合集这种形式可以当作"万金油"使用，所有领域、任何笔记都可以使用。

所谓合集，就是将内容、风格或其他方面等属性相同或类似的笔记归类。比如，美妆领域可以创作"韩式眼妆合集""秋冬妆面分享合集""平价小众美妆品牌合集"等；萌宠领域可以创作"狗狗奇葩行为合集""宠物抢食合集""新手小白养猫合集"等；美食领域可以创作"美食博主翻车合集""家常菜合集""广州美食合集"等。

合集类笔记的发挥空间非常之大，运营者可以根据不同人群、不同方向、不同经历，衍生出不同的选题，包括上文提到的干货类笔记，也可以创作合集笔记。

具体而言，小红书上的合集笔记可以衍生出以下6种细分选题，如表4-2所示。

表 4-2　合集类笔记的衍生选题

序　号	衍 生 选 题
1	针对人群，比如新手"小白"、大学生
2	针对成本，比如平价、"贵妇"
3	针对效果，比如百搭、黄皮适用
4	针对地区，比如上海一日游、成都旅游攻略
5	针对场景，比如居家必备、秋冬穿搭
6	针对产品属性，比如红黑榜测评、探店

❶ 针对人群

虽然目前小红书平台上的用户以年轻的都市白领和职场精英女性为主，但细分下来，每个人的需求都是不尽相同的。

比如美妆博主可以针对新手"小白"化妆教程或者化妆品创作合集类笔记，如图 4-8 所示。

图 4-8　博主"小鱼鱼要自律"发布的平价彩妆合集笔记

具体针对的人群，需要博主根据自己的定位来确定，要深入自己所属的领域，然后细分类目，找到更多可以挖掘的点，将目标人群定得再细致一些，分门别类地创建笔记。比如美食博主可以针对上班族、宿舍党、留学党创作合集笔记，如此一来，不同的用户人群可以根据自己的需要选择对应的合集笔记。这样，对于博主来说，吸引到的用户会更加精准；对于用户来说，体验感会大大提升。

不过运营者要注意的是，通常针对不同的人群来创建的合集笔记需要在笔记的标题、首图中加以说明，而且要尽可能地突出显示。

❷ 针对成本

虽说目前小红书上的用户人群大多数消费水平比较高，购买力比较强，但也不排除还是存在很多消费水平相对低一些的用户。

这样小红书博主就可以以这两类人群为基础进行创作，而且不限领域，几乎所有的品类都能创作针对成本的笔记，比如"千元以内的家居好物合集""好用不过百的彩妆品牌合集""贵妇穿搭大合集"等。

图 4-9 为小红书上比较常见的针对成本创作的合集笔记。

成本也是一个值得深入创作的点，因为当前很多人对价格还是比较敏感的，都想要花更少的钱买到更好的物品，所以运营者可以围绕这个点展开创作内容。同针对人群的笔记一样，博主在创作针对成本的笔记时也需要在标题、首图中对关键词进行突出显示处理。

图 4-9　小红书上常见的针对成本的合集内容

❸ 针对效果

针对效果类的合集笔记通常在"种草"笔记中使用，需要博主在笔记中重点针对效果进行说明。注意，这里的效果不仅是指某一件产品的使用效果，也可以是服务、减肥/健身技巧、生活小妙招等。

图 4-10 为小红书平台上比较常见的针对效果创作的合集笔记。

小红书本就是一个"种草"平台，同时更是很多年轻人的消费决策入口，很多人使用小红书的目的就是想要帮助自己进行消费决策。因为在当前电商如此发达的情况下，很多用户已经习惯了线上购物，虽然线上购物方便、快捷，但是对于用户来说还是有一定的弊端，比如用户在购买商品之前不能试用，无法知晓商品的具体情况，此时就需要有"过来人"告知他们这件商品真实的使用感受，帮助他们进行判断决策。

图 4-10　小红书上常见的针对效果的合集内容

　　抑或是自己被"种草"了一套健身教程，但是不知道坚持下去能不能有效果，他们也会到小红书平台上搜索其他用户的使用感受，以此作为参考来帮助自己决定是否要进行下一步。

　　这也给小红书博主的创作提供了选题方向，在创作内容时博主也可以在这个方向上进行延伸，分享自己的真实感受，为更多的用户提供帮助，进一步提升用户留存率。

❹ 针对地区

　　深入了解过小红书的用户都知道，小红书最初是一款名为"香港购物指南"的 App，其创作之初是为用户提供前往香港或者海外购物的相关经验。

　　后来随着我国经济社会的发展和人们物质生活水平的不断提

高，旅游成了新的社会风尚，越来越多的人开始热衷旅游，甚至有很多人把提供不同地区的旅游攻略发展成了自己的事业。

在小红书上，针对地区创作的合集笔记更多地出现在旅游攻略、美食探店等品类。因为随着旅游业越来越发达，很多人在前往一个新地方游玩之前，为了避免"踩坑"，也为了能够拥有更好的体验，通常都会提前做攻略，此时他们就急需系统且实用的攻略笔记作为参考。

强大的需求直接促成了小红书针对地区的笔记内容的发展与繁荣。图4-11为小红书上比较常见的针对地区创作的合集笔记。

图4-11　小红书上常见的针对地区的合集内容

除了旅游攻略和美食探店等相关内容，还可以是其他内容，地区也不一定是固定的。比如生活在贵州贵阳的博主"壶提提"就以"探寻城市的老店"为基础创作了一系列内容，里面涉及的店铺也并不都位于贵阳，只是同为老店。

因此，依然需要强调的是，博主在进行内容创作时不要局限住自己的想法，要发散自己的思维，善于发现生活中可以延伸的创作选题。

❺ 针对场景

场景也是一个可以延伸发挥的点。场景的具体含义是指针对某一个特定的背景来进行创作，可以是空间，也可以是时间，比如"新奇家居好物合集""秋冬爱用好物合集""职场通勤穿搭合集"等。

图 4-12 为小红书上比较常见的针对场景创作的合集笔记。

图 4-12　小红书上常见的针对场景的合集内容

这里提到的场景可大可小，小红书账号的运营者可以根据自己所属的领域进行细分创作，而且可以将不同的场景进行结合，从而创作出更多更细致的内容。比如将"秋冬"和"职场"这两个场景进行结合，创作"秋冬职场穿搭合集"，诸如此类的笔记都可以。

❻ 针对产品属性

针对产品属性是指在笔记中和用户分享某件产品的某个特性，可以是好的特性，也可以是不好的特性，但是要遵循一个原则——真实。

没有人愿意看一些"虚假"的广告，每个人使用小红书都是为了看到关于某件商品最真实的评价，为此小红书官方在2021年4月份推出的新的《社区公约》中着重提出了"真诚分享、友好互动"的社区价值观。

常见的针对产品属性的笔记有测评类笔记、产品红黑榜、探店等。不过需要注意的是，这里的探店要和前文针对地区的笔记区别开来。这里的探店，更多指的是线上店铺，比较常用的方式是选取其中的几件商品对其产品属性进行分析，供用户参考。

图4-13为小红书上比较常见的针对产品属性创作的合集笔记。

在针对产品属性的笔记中，测评类笔记是比较热门的，博主需要将很多同类型的产品放到一起，对其功能属性进行测试，比如"网红防晒帽真实测评""厨房小家电测评合集"等。

以上就是当前小红书上比较热门的合集类笔记的衍生选题，小红书账号的运营者可以根据自己所处的领域、创作方向进行自由发挥。

图 4-13　小红书上常见的针对产品属性的合集内容

另外，还有一点值得注意的是，以上这几点均可以任意结合，比如"黄皮适用的平价口红合集""小个子秋冬穿搭合集""租房族收纳好物合集"等。

也就是说，博主在创作合集类的笔记时不要过于局限，平台上有很多可以延伸的点，博主要善于发现用户的需求，甚至引导用户的需求，以此来吸引更多的用户。

4.2.3　观赏类笔记

观赏类笔记，顾名思义就是指让人看了赏心悦目、心旷神怡的笔记。这类笔记提供给用户最大的价值，就是能让他们感受到美好。

　　爱美之心人皆有之，人们对于美好的事物向来都是充满向往的。因此，一切美好的事物都可以作为笔记内容，比如美景、美食、美人、美好的生活等。呈现形式可以是图文，比如风景摄影、美食图片、插画图片、个人写真等；也可以是视频，比如当前小红书上比较常见的分享个人生活、学习、工作的 Vlog 等。

　　如果用一个非常典型的例子来说明观赏类笔记在小红书上受欢迎的程度，那就是"李子柒"了。她在视频中营造出来的那种"田园牧歌"式的生活是大多数人所向往的，所以她的每一期视频一经发布就会受到很多人的欢迎。

　　"李子柒"虽然不是发迹于小红书，但她自 2019 年 12 月入驻小红书到现在（截至笔者写作时），不到两年的时间已经在小红书上收获了近 300 万名粉丝。

　　很多运营者可能会质疑："李子柒"之所以在小红书平台上受到欢迎，实际上是因为她在入驻小红书之前就已经成功打造出了自己的个人品牌，再配合小红书倡导的"分享美好生活"的理念，才受到小红书用户欢迎的。

　　如果说"李子柒"是因为有其他平台的加持才在小红书平台上受到欢迎的话，那么博主"AriaAndBrandon"就完全可以证明观赏类笔记在小红书平台上的火爆程度了。

　　Aria 和 Brandon 是一对跨国情侣，他们于 2018 年底在小红书平台上发布了第一篇笔记，在此之前也没有在其他平台的创作经历。第一篇笔记发布之后，他们就因为超高的颜值和高甜的恋爱经历受到小红书用户的热烈欢迎。图 4-14 为博主"AriaAndBrandon"在小红书上发布的第一篇笔记，以及该篇笔记的评论区截图。

图4-14　博主"AriaAndBrandon"在小红书上发布的

第一篇笔记及评论区截图

　　之后他们发布的笔记几乎都是围绕着"记录美好生活"这一主题，分享了很多生活中的美好瞬间，每一篇笔记发布之后，用户的反响都非常热烈。入驻小红书将近三年（截至笔者写作时），他们已经吸引了超过200万名粉丝，获赞与收藏接近900万次。在小红书平台开通直播权限之后，他们又凭着身处澳大利亚的优势，在笔记、直播中向粉丝推荐澳大利亚好物，他们也尝试着和品牌商合作，成功在小红书平台上掘到了金。

　　"美好"一直以来都是小红书官方所倡导的，就像创始人瞿芳在接受"界面新闻"的采访时说的那样："生活方式在变，美好初心不变。"所以，小红书账号的运营者在进行内容创作时也可以沿着这个方向进行延伸。但是又有人可能会陷入迷茫：自己没有超高的颜值，还能受到用户的欢迎吗？

其实，运营者大可不必为此忧虑，目前小红书平台上也有很多不出镜、不露脸，但依然受到广泛欢迎的博主，观赏类笔记其实更多强调的是摄影技术以及后期的剪辑、配乐等。关于这一部分后文也会进行详细阐述。小红书博要做的就是坚定自己的想法，然后不断精进自己的技术，让自己在这条路上走得更久。

以上就是当前小红书平台上比较热门的笔记类型了，小红书博主在进行内容创作时可以首选这几种类型，然后在此基础上进行延伸。当然这只是建议，小红书账号的运营者在实际运营的过程中可以结合自己的想法进行调整，找到最适合自己的笔记类型。

但是需要注意的是，无论哪种类型的笔记，重要的是输出的内容要有可看性，要让粉丝看过之后感到有收获，并且能够产生想看该博主创作的其他笔记的欲望。这样的笔记才能算得上是优质笔记，才更有成为爆款笔记的可能。

4.3　如何创作小红书爆款笔记

2020 年，小红书总用户量达到 3 亿，月活用户超过 1 亿人，而且小红书早已经凭借着独特的"社区＋电商"运营模式，成为年轻人活跃的主流"种草"平台，小红书也因此成为诸多国内外品牌商的热衷之地。

在小红书平台上，博主通过图文或视频的方式记录、分享自己的生活，并在这个过程中吸引用户，同时想办法把自己吸引到的这些用户转化为消费者，帮助自己实现变现。内容做得越好，吸引到的粉丝越多、越忠诚，运营者实现变现的可能性、规模也就越大。也就是说，内容对于运营者实现变现是非常重要的，做好小红书账号的核心就是要持续创作优质笔记。

但是想要创作出优质的内容，运营好小红书账号并非一件易事。很多有着丰富经验的运营者都不敢打包票，更何况新手运营者，有的运营者更是尝试两三年无果之后无奈选择了放弃。

暂且不论运营小红书账号是否要进行适当的投资、投资多少，单论付出的时间和精力，很多人可能就难以坚持到最后。所以，运营者要明白，运营好小红书账号绝不是一件一蹴而就的事情，运营者必须要有"长期主义"精神，在不断摸索的过程中进步。

当运营者的内心抱着这样的想法，再来消除自己在运营小红书账号的过程中产生的畏难情绪就容易多了。运营者需要明白的是："世上无难事，只要有心人。"只要保持好的心态，再辅以正确的操作方法，做任何事情都能达到事半功倍的效果。

所以，小红书账号的运营者想要创作出优质内容，必须要相信思路很重要，思路、方向对了之后可以少走很多弯路，相信这一点也不需要笔者再过多强调了。

而正确的思路的第一步，就是需要明确创作一篇爆款笔记需要哪些步骤。通常情况而言，一篇好的笔记通常需要以下几方面的共同作用，如图 4-15 所示。

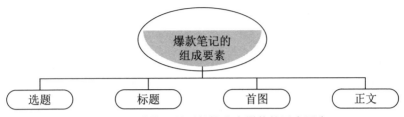

图 4-15　影响笔记是否能够成为爆款的四大因素

下面，笔者将详细分析这几个方面的内容以及创作的关键点，以帮助运营者更好地理解爆款笔记的创作逻辑，并介绍一些切实可用的小技巧，帮助运营者打造出属于自己的爆款笔记。

4.3.1　选题

很多小红书博主在创作笔记时都会陷入一个误区，容易沉迷于自己的世界中，"想写什么，就写什么"，反正也只是为了记录自己的生活，完全不去想用户喜欢看什么样的内容。如果只是单纯想记录自己当下的生活状态的博主，拥有这样的想法无可厚非，但如果是想要通过小红书来实现变现的运营者，就要赶紧纠正自己这一错误的想法。

运营者要有"用户思维"，任何创作都应该围绕着用户展开，第一步就是要找到小红书用户或者说目标用户感兴趣的内容方向。

那么，如何才能找到用户感兴趣的内容方向，也就是如何确定选题呢？主要有以下几种方法。

❶ 热点选题法

"追热点"式的选题方法其实是一种比较"投机取巧"的方法，

也是一种比较常见的选题方法。

那么，"热点选题法"中的"热点"从哪里来？常用的方法有两种：一是从微博热搜榜中寻找灵感，二是直接在小红书上的热门笔记中获取灵感。

微博热搜榜自是不必多说，当前几乎所有的互联网平台都是互通互联的，没有哪一个平台能够单独存在，更重要的是，各大平台的用户也会有很大程度上的重叠。所以小红书账号的运营者在运营小红书账号时不能只了解和小红书平台有关的内容，也要适当关注对其他平台，说不定灵感就此诞生了呢？

至于从小红书平台的热门笔记中获取灵感，是另一种更为直接的方法。运营者在搜索框中输入相关关键词，然后在众多笔记中筛选"最热"的笔记，反复浏览、查看这些笔记，尝试从这些笔记中获取灵感。

初步找到自己想要创作的选题方向后，运营者又面临着一个难题：追随热点的博主不止自己一个，如何才能使自己创作的笔记在众多笔记中脱颖而出呢？两个关键点——要么速度快，要么角度新。

速度快这一点很好理解，因为所谓"热点"，从它成为热点的那一刻起就意味着它很快会消逝，就像一条新闻爆出来的时候，各大新闻媒体要抢着争夺头版头条是一个道理。这一点要求小红书账号的运营者要具备极强的互联网敏锐度，要善于抓住每一个值得创作的点，走在其他运营者的前面。

角度新就是强调运营者要有自己的思想，不要盲目追随热点，尤其是不能跟风。跟风类型的笔记，除非笔记的内容质量非常优质，不然是很难在平台上掀起水花的。举一个例子，某大公司被爆出某一丑闻，新闻出来的一瞬间，社会上就"炸开了锅"，与之有关联的、无关联的人都纷纷参与讨论此事，但是很多人的做法要么是对具体的事件进行还原，要么就是不分青红皂白先"踩"一方再说。

类似这些做法只是暂时抓住了热点，而无法在用户心中留下一个比较深刻的印象。比较高阶的做法是，在讨论事件的同时，分析这件事带来的影响，比如以"为什么恰好是该公司而不是其他公司"为主题进行深入的分析讨论。这样还可以提高用户的参与度，加强博主与用户之间的联系。比这种做法更高一层次的做法是，从热点中跳出来，不去还原、分析事件本身，而是深刻分析事件发生之后站在用户的角度，告诉他们应该怎么做。

比如在某事件发生之后，博主"Lynn 努力拨号中"发布的一条短视频，如图 4-16 所示。

图 4-16　博主"Lynn 努力拨号中"发布的一篇笔记截图

视频的标题、文案、内容都丝毫未提及热点事件，但几乎所有的用户都知道博主讨论的就是此事。博主有针对性地就此事给出了一些她作为法律领域的专业人士的专业建议，让用户能够将热点事件和自己结合起来，真正从笔记中获得价值。

热点选题法可以说是众多选题法中最简单的一种方法，也可以说是最不简单的一种方法，因为追随热点很简单，但是要把热点讲好并不容易，这就需要运营者在进行内容创作时要具备独到的眼光和思想，让自己的笔记在一众追随热点的笔记中崭露头角。

❷ 目标人群选题法

运营者如果不想通过"蹭"热点的方式来创作内容，或者说知道自己不具备独到的眼光和思想，难以在一众与热点相关的笔记中脱颖而出，还可以通过细心的观察，发现生活中其他可创作的选题。

比如围绕着目标人群的兴趣、需求来寻找选题。很多运营者都知道目前小红书上的用户人群以生活在一、二线城市的都市白领和职场精英女性为主，这一类用户具有较高的消费能力，对职场穿搭、护肤、彩妆、健身等方面的内容有非常强烈的需求，那么，运营者就可以在这些内容上进行深耕，找到符合当下实际情况的选题，然后围绕着这一选题来进行内容创作。

除了抓住目标人群的兴趣和需求来确定选题，还可以反其道而行之，通过击中用户的"痛点"来确定选题。比如很多职场人每天不知道吃什么、上班坐久了会腰酸背痛、晚上睡眠质量差、上班通勤时间长、没有时间锻炼等，如图4-17所示。

图 4-17　以目标人群的"痛点"为选题的小红书笔记

举一个例子，日用品品牌"躺岛"通过一款"猫肚皮枕头"为小红书用户所熟知，该产品在宣传之初就将"失眠""肩颈痛"作为主攻方向，以此来吸引用户的注意。无论是品牌商本身发布的笔记，还是和博主合作的笔记，始终以这两个点深入创作内容。很多用户在看到产品宣传中的有效缓解肩颈疼痛，帮助提升睡眠质量之后纷纷下单购买，躺岛猫肚皮枕头的销量因此直线上升，月销售量较此前翻了5倍都不止。

这也告诉运营者，小红书平台上可以挖掘、延伸的选题非常多，但是前提是要成为一个生活中的"有心人"，要善于发现生活中的一些小细节，并且要有一定的联想能力，将其和自己想要创作的内容联系起来，这样才能创造出更多更受用户喜爱的笔记。

❸ 关键词裂变选题法

小红书上每一个类目都可以衍生出很多选题，在不一样的场景、环境下，选题的方向也会有很大的区别。以"穿搭"为例，可衍生出的关键词就有"穿搭博主推荐""穿搭女夏""穿搭通勤""穿搭小个子"等，如图 4-18 所示。

图 4-18 "穿搭"衍生出的关键词

其他品类也是如此。运营者在进行内容创作时需要注意的是，找准自己的内容所属大领域的同时，还需要进一步找到自己可以创作的细分领域。就拿"穿搭"举例，穿搭只是一个大的方向，如果一位穿搭博主在创作笔记时仅以"穿搭"作为关键词，不出意外，笔记很快就会被淹没，即便笔记的内容写得再好，也很难被用户看到。因为用户的需求是不同的，运营者要做的不是网罗住所有的用户，而是想办法获取到更多的精准用户，只有用户越精准才越有利于后期变现。

如何获取精准用户？就是通过裂变关键词，缩小选题范围。具体说来，有 7 种方法可以作为参考，如表 4-3 所示。

表 4-3　缩小选题范围的具体方法

序号	方　　法	举　　例
1	缩小到季节	比如"秋冬穿搭""夏季饮食"
2	缩小到场景	比如"宿舍改造""情人节礼物推荐"
3	缩小到人群	比如"小个子适合""熬夜人群必备"
4	缩小到地点	比如"到上海必打卡的""武汉最火爆的"
5	缩小到方法	比如"三种阅读方法""简单有效的减肥法"
6	缩小到过程	比如"一个月画完一幅画""三天游玩重庆攻略"
7	缩小到产品	比如"抗皱精华""家用小电器"

以上就是通过关键词裂变来缩小、确定选题的七种方法。除了以上这七种方法，还有很多的方法等待运营者去挖掘，小红书账号的运营者在实际运营的过程中可以根据自己的运营经验多做分析和总结，找到适合自己的选题。

❹ 趋势选题法

除了上述选题方式外，运营者在策划选题时还应具有前瞻性。比如，可以尝试着从当下年轻人的生活方式、精神需求中挖掘选题，了解他们还未被发掘的需求。

用营销界的一句话来说就是："从满足需求到创造需求。"比如当下年轻人比较关注的"健康养生"方面的内容就可以作为运营者深入挖掘的一个选题。

健身领域的博主可以以"上班族健身""瘦肚子""瘦大腿""增肌""挑选好穿的健身服"等为选题来进行内容创作。每一个细小的选题都可以制作一个系列的笔记,当用户刚好有相关需求时,他看到这篇笔记可能就会随手点一个赞,或是将笔记收藏。

而美食领域的博主可以分享和"健身餐"有关的视频,向用户介绍减肥、健身期间什么可以吃,什么不可以吃,所有的食物要如何搭配着吃才更有效果。

这里提到的"趋势"可大可小,可以是像"健身养生"这样的长期趋势,也可以是一些比较细小的趋势。比如快到中秋节时,很多博主就会在笔记中推荐和中秋节有关的内容,给长辈送什么礼物比较合适之类的内容;再比如每年的开学季、毕业季都会有很多相关领域的博主在小红书上创作一些与之有关的内容,像是新生开学攻略、毕业生找工作攻略等。

以上就是几种比较常见且操作起来比较简单实用的选题方式。除了这几种选题方式,运营者还可以在书籍中寻找选题,这种方式比较适合文化领域的博主;还可以从影视剧、综艺节目中寻找热点选题,但是要注意这一类选题需要进行深度挖掘,不可过于浅显;还可以创作系列选题,比如以"如何阅读一本书"为选题,连续创作内容,或者以"职场成长"为选题,围绕着"写简历""面试""试用期"等内容进行创作。

总而言之,如果小红书账号的运营者在创作笔记时被选题难住,千万不要灰心,更不要气馁,可以多留心生活中的小细节,多和同行、朋友进行交流、碰撞,找到更多的灵感,然后从这些灵感中获取选题方向。

还有一个更为直接的方式就是浏览小红书，通过长时间地浏览小红书了解用户的偏好，从竞争对手的笔记中发现可创作的内容。而且小红书平台对于这样的行为还会给予一定的流量加持。但需要注意的是，在浏览小红书笔记时要带着目的，不能盲目浏览，以免陷入平台的推荐机制中。

4.3.2　标题

随着当前人们的时间和注意力变得越来越碎片化，人们越来越难以沉下心来仔细阅读一篇文章或是从头到尾浏览完一则新闻，越来越多的人逐渐成了"标题党"，他们在阅读文章或者浏览新闻、信息时通常只会注意标题，而不会将注意力放在内容上。

事实上，吸引他们注意的也不过是一个夸张的标题罢了。

对于小红书账号的运营者来说，想要成功打造出一篇爆款笔记，标题的重要性不言而喻。一个亮眼的标题不仅能够吸引用户的目光，促使用户点击查看详情，还能抢夺平台流量。相反，一个平平无奇的标题，就仿佛一块毫无威力的"石头"，哪怕被重重地抛到了水里，也只是向下沉，而掀不起一点浪花。而这也是很多人无法创作出爆款笔记的主要原因之一，他们花费了大量的时间去学习拍摄、修图、剪辑，但是最终都"栽"在了标题上。

没有一个足够亮眼、吸睛的标题，就无法吸引用户点击查看笔记详情，即便内容质量再高的笔记也难以成为爆款。

那么，小红书笔记的标题到底应该怎么写才能吸引更多的用户忍不住打开呢？以下是供运营者参考、借鉴的五种标题写作方式。

❶ 引入热点词

热点的作用不用多说，几乎每一位运营者在运营的过程中都知道要抓住热点，因为和热点相关的词汇不仅能够获得更多的平台推荐，而且被用户主动搜索到的频次也会更高。当标题中引入热点词汇时，笔记被推荐和被搜索到的概率会更大，进入下一轮流量池的概率也就更大，成为爆款笔记的概率也会增加。

比如小红书某博主发布的一篇笔记，仅一天时间就收获了1.7万个点赞、近7000个收藏和近300条评论，如图4-19所示。

图4-19 某博主创作的一篇笔记

这篇笔记之所以能在这么短的时间内成为爆款，就是因为博主在写作标题时抓住了"中秋节"这一热点，而且笔记内容在深耕其自身所处领域的情况下也围绕着"中秋节"展开。

反观这位博主在这篇笔记前后几天创作的其他笔记，在所有的笔记风格全部统一的情况下，获赞最多的笔记其点赞数才刚过300个。这就足以证明热点话题对于笔记成为爆款的重要作用，尤其是在标题中引入热点词的重要作用。

关于如何找到热点选题的方法，前文已经详细说明过，在这里要强调的是，运营者在创作笔记时在标题中引用的热词要和热度周期一致，不要等到热点已经过了再来发布笔记。比如上文提到的例子，如果这位博主等到中秋节之后再发布这篇笔记，恐怕也就达不到这样的效果了。

另外，还应注意的是，在写作标题时不要堆砌热点词或其他词汇，否则不但起不到吸引用户目光的作用，还会给用户带来非常不好的阅读体验，让用户产生不好的感受。

❷ 巧用数字

大多数人对数字是非常敏感的，甚至可以说比起纯文字的标题，含有数字的标题对用户有着更强的冲击力，而且比起纯文字，数字更具有辨识度和信服力。

举个例子，一篇标题为《初秋超显瘦穿搭，你确定不了解一下吗？》的笔记和一篇标题为《视觉显瘦10斤的初秋穿搭，你确定不了解一下吗？》的笔记，哪一篇更能吸引人？结果显而易见。

如果仔细观察小红书平台上点赞、收藏量破万的笔记会发现，通常标题中都带有数字。比如在小红书平台上搜索"小个子穿搭"，显示出来的众多笔记中抛开博主本身粉丝量的因素，一定是在笔记标题中注明自己身高的笔记比没有注明自己身高，只强调"小个子"

的笔记获得的点赞数和收藏数要多一点，比如以下两篇笔记，如图 4-20 所示。

笔记 1　　　　　　　　笔记 2

图 4-20　两位博主创作的笔记截图

　　这两位博主的粉丝量相当，都在 20 万名上下，左边这位博主的粉丝量还略多一些。这两篇笔记发布的时间只相差 3 天，笔记 1 发布于 2021 年 9 月 14 日，笔记 2 发布于 2021 年 9 月 17 日。按道理，两篇笔记的点赞量、收藏量应该不相上下才是，但是笔记 1 获得的点赞量、收藏量以及评论数却明显少于笔记 2。

　　在粉丝数量、内容方向以及创作时间都比较接近的情况下，导致笔记 2 比笔记 1 效果好的最主要的原因，就是笔记 2 在标题中表明了博主的身高。比起笔记 1，笔记 2 更加直观，用户一看就知道这是不是自己需要的内容，如果是就会点击查看具体内容，这就是在标题中引用数字的作用。

因此，运营者在写作标题时可以借鉴这种手法——在标题中引入数字，尤其是那些需要凸显效果、增强对比类的笔记。

❸ 前置重点

前置重点的意思是运营者在写作标题时尽量把亮点、关键词、核心内容放在前面，这样做的目的是让用户快速获悉笔记的具体信息。还有一个原因是在信息流页面，因为显示的原因，笔记标题如果过长的话，后面的部分会被折叠，需要用户点击查看笔记详情才能显示完整。因此，为了在一瞬间吸引用户的注意力，运营者写作标题时要将重要内容放在前面，可以用符号隔开，也可以不用隔开。

图 4-21 为采用前置重点的方法写作的标题示例。

笔记 1　　　　　　　　　　笔记 2

图 4-21　前置重点式的笔记标题举例

由图 4-12 可以看出，这两篇笔记都将标题的重点放在了前半部分，笔记 1 在标题的前半部分写道"学生党必看"，小红书上的学生用户群体在浏览到此条笔记时就会忍不住点击查看详情；笔记 2 在标题的前半部分写道"第一次到重庆旅游千万别做"，通常人们在做旅游攻略时都是被告知什么可以做，哪些地方值得去，但是很少有博主会告诉用户哪些事情不要做，哪些地方不推荐去，人们出去旅游除了希望欣赏到美好的风景以及吃到美味的食物之外，更加害怕"踩坑"，都希望用最少的钱换回最舒适的体验，所以当一篇标题为"千万别做"的笔记出现在用户面前时，他们就会不自觉地点击进入查看具体内容了。

反之，如果运营者在创作内容时将重点关键词放在标题的后半部分，即便标题的后半部分不会被折叠、隐藏，这样的标题也很难在第一时间吸引用户的注意力。

另外，反复比较这两篇笔记不难发现，这两篇笔记除了在写作标题时将重点关键词放在了前面，还有其他共同点，比如标题中都使用了符号，笔记 2 还使用了特殊符号来突出重点，还有这两篇笔记的首图和标题都进行了呼应，进一步加深用户对笔记的第一印象。

运营者在进行内容创作时可以借鉴这些小技巧，以增加笔记成为爆款笔记的可能。

❹ 认同身份

所谓认同身份是指在标题中点明某些身份，让与之相关的用户在看到这个标题时产生一种认同感，从而和博主产生共鸣，拉近用户与博主之间的距离。

比如小红书某博主发布的一篇标题为《老师暑假的一天～去

学生家突击家访，学生直接懵了》的笔记。这篇笔记发布之后，不到两个月的时间就收获了 6.3 万个点赞和 1.1 万个收藏以及超过 1000 条评论，如图 4-22 所示。

图 4-22　某博主发布的一篇爆款笔记

称这篇笔记为爆款笔记一点也不为过，这篇笔记之所以能够在短时间内受到用户的欢迎，就是因为博主在笔记中点明了自己老师的身份，还细化到了暑假这一特定的场景中，很多从事教育行业的小红书用户在看到这篇笔记时就会愿意点击查看。

再比如，小红书某博主发布的一篇标题为《日常高级　心机伪素颜妆　白领　学生　新手必看》的笔记。相较于上一篇笔记的标题，这篇笔记的标题则更为直接，在标题中直接提到了白领、学生这两个身份，还强调了新手必看，被这些身份涵盖到的用户在看到这篇笔记时也会忍不住点击查看了。

在标题中写明某些身份，对部分用户的身份进行认同，是一种很好的"蹭"流量的办法。比起那些没有特意强调身份的标题，写明身份的标题更能够吸引用户的注意。但是运营者在利用这种方式写作标题时要注意，不要过于强调某一个身份，这样有可能会限制平台对笔记进行推送。

❺ 补充细节

比起那些"华而不实"的标题，有时候一些具象化的标题会更有画面感，更能吸引用户的注意。

举个例子，下面是两篇同以"记账"为主题的笔记，且二者的具体内容都是介绍记账的方式。笔记 1 发布于 2021 年 9 月 9 日，博主拥有近 400 名粉丝；笔记 2 发布于 2021 年 9 月 16 日，博主的粉丝数不到 50 名，但是为何笔记 2 能比笔记 1 获得更好的效果呢？

图 4-23 为这两篇笔记的截图。

 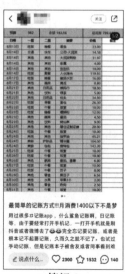

笔记 1　　　　　　　　笔记 2

图 4-23　两篇同以"记账"为主题的笔记截图

　　如果仔细研究这两篇笔记就不难发现，笔记 1 的标题比较抽象，它提出了一个"从无到有"的概念，看起来似乎非常"有料"，但是没有强调细节。虽然在首图中对"从无到有"进行了解释，但是字体非常小，一点也不突出。用户在平台推荐页面看到这篇笔记时，一眼看上去根本不会注意到首图中的文字，单看这个标题，对他来说没有吸引力的话就不会点击了。

　　反观笔记 2 的标题，虽然首图一眼看上去找不到重点，但是标题中的"月消费 1400（元）以下不是梦"足以让用户为之停留。标题前半部分交待了本篇笔记主要讲述的是"简单的记账方式"，再在后面以一个非常明确的数字将其具象化，对用户来说这样的标题更有吸引力。

　　所以运营者应该注意，当想要通过一个"高大上"的标题来吸引用户时，标题中"高大上"的部分要尽量具象化，以一些细小的点去吸引用户，效果会更好。

　　以上是 5 种标题写作方式，在明确了具体的写作方式后，下面将为各位运营者介绍一些标题写作模板，如表 4-4 所示。

表 4-4　写作标题时可以借鉴的模板

套用模板	含　义	举　例
对话型	采用一问一答的形式，为标题营造特定场景，使标题更加生活化，也更容易带动用户的情绪	1. 你信吗？我竟然画了 100 多张手抄报 2. 求助，有人知道这是什么花吗？ 3. 不会吧？你居然还没有看过这部剧
痛点型	在标题中直接戳中用户的"痛点"，直击用户的内心，让用户产生极强的代入感	1. 色素沉着，疤痕应该怎么办？ 2. 嘴笨？不会和领导沟通，你得这么说 3. 情绪管理丨你也深陷捉摸不定的情绪中吗？

续表

套用模板	含 义	举 例
干货型	直接在标题中表明可以为用户提供的价值，让用户产生浓厚的兴趣	1. 如何从 0 到 1 做一个赚钱的小红书账号 2. 纯干货｜设计师的作品集怎么做？ 3. 每天 10 分钟快速提升表达能力
共鸣型	聊天式的标题，说出用户心里想说的话，拉近博主和用户之间的距离	1. 自卑又自负，我是如何走出困境的？ 2. 别低头，皇冠会掉；别崩溃，朋友会笑 3. 专科生考上研究生的心路历程
悬念型	不直接标明内容，而是用疑问句、反问句或者话说一半的形式，调动用户的阅读兴趣	1. 我是如何在短期内走出迷茫、焦虑、浮躁期的？ 2.30 岁辞职阅读半年，我得到和失去了什么？ 3.99% 的人都不知道的鸡蛋煮法

　　一个足够亮眼的标题能够为笔记成为爆款打下坚实的基础，运营者应该重视标题的作用，在写作时将上述提到的方法和模板结合起来，创作出更多更具有吸引力的标题。

4.3.3　首图

　　小红书作为当前比较火爆的社交平台之一，很多人都看中了小红书平台的发展机遇，想要到小红书上掘金。

　　众所周知，想要运营好小红书的核心因素是涨粉，而想要快速涨粉，必须通过优质的内容来吸引用户，也就是很多人口中的爆款笔记。前文提到，打造一篇爆款笔记的必备要素有 4 个，分别是选题、标题、首图和正文。

其中，首图是吸引用户的关键所在。用户打开小红书 App，在不滑动页面的情况下，整个版面大概可以显示 4~6 篇笔记[①]（最后两篇笔记只能看到首图的一半），每篇笔记的标题只占到两行，其余部分都是图片。这也就意味着，运营者想要让用户在推荐流页面点击笔记查看详情，除了要重视标题的作用外，还应重视首图的作用。

那么，如何才能制作出"一秒吸睛"的首图，促使用户率先点击呢？下面将分三个部分对此内容进行详细阐释。

❶尺寸

首图的尺寸要从两方面来具体介绍：一是图文笔记首图的尺寸，二是视频笔记首图的尺寸。

（1）图文笔记首图尺寸

就图文笔记而言，小红书官方推荐的尺寸有以下三种：竖屏（3∶4），横屏（4∶3），正方形（1∶1），如图 4-24 所示。

运营者可以根据自己所要上传的图片的具体情况进行选择，不过在小红书上大多数运营者会选择竖屏，因为相较于横版而言，竖屏比例的图片占据屏幕的空间更大，能够展示出更多的信息，也不容易被划走。

还有一点需要注意的是，如果运营者在创作笔记时需要上传多张图片，要尽量保证这些图片的尺寸是一致的。因为在笔记上传的过程中，后台会默认按照第一张图片的比例对后面的配图进行裁剪或填充，这样就可能导致一部分内容丢失或者图片出现大量空白。因此，为了笔记的整体性和美观性，运营者需要格外注意这一点。

---

① 注：手机型号不同，显示界面会有细微的差别。

竖屏（3：4）	横屏（4：3）	正方形（1：1）

图 4-24　小红书上常见的三种图文笔记首图尺寸

（2）视频笔记首图尺寸

对于视频笔记来说，尽管平台支持各种尺寸的视频，但是在选择视频封面时却只有三种尺寸可以选择，和图文笔记的首图尺寸是一样的，即竖屏（3：4），横屏（4：3），正方形（1：1）。但是极少有人采用正方形这种尺寸，原因是很多视频在拍摄时就已经被选定了布局方向，通常都为横屏或竖屏，如图 4-25 所示。

和图文笔记相似的是，由于横屏占据屏幕空间的比例较小，大多数运营者在添加视频封面时也会选择竖屏。但是也要根据视频的实际情况来选择，如果视频本身是横屏拍摄的，且难以调整为竖屏形式，那还是应该以美观为主，即选择横屏。

尺寸是运营者在制作、选择笔记首图时首先需要明确的内容，因此运营者要注意遵循平台的基本规范，将其调整到合适的形式。

竖屏（3：4）　　　横屏（4：3）

图 4-25　小红书上常见的两种视频笔记首图尺寸

❷ 类型及创作要点

和尺寸一样，首图的具体类型以及创作要点也要从图文笔记和视频笔记这两个方面分别进行阐述。

（1）图文笔记首图的类型及创作要点

就通常情况而言，小红书上的图文笔记中常见的首图类型有以下五种，分别是高颜值美图、拼贴式图片、海报大片、对比图、纯文字图片。

①高颜值美图

这里的高颜值美图，具体是指选用具有高颜值的人物或风景图片作为笔记的首图。众所周知，小红书是一款集结了众多帅哥、美女的时尚潮流平台，高颜值博主更是数不胜数。为了刺激人们的审美，很多运营者会直接用一张没有任何配文和装饰但又具有一定的视觉冲击力的图片作为图文笔记的首图，如图 4-26 所示。

图 4-26　高颜值美图作为图文笔记首图的示例

　　这一类图片通常应用在穿搭、美妆等需要博主频繁出镜的笔记中，也可应用于好物推荐和旅游类笔记中。

　　运营者在使用这一类图片作为首图时需要注意的是，除了图片中的人物要有一定的颜值外，其他方面也要保持协调性，比如人物的着装、物品的摆放、背景以及构图等，总而言之，图片整体看上去视觉冲击力一定要强。

　　②拼贴式图片

　　这一类图片通常在博主想要展示比较多的元素时使用，一方面可以让首图的内容更加丰富和多元，能够吸引到更多不同类型的用户，扩大笔记的受众群体；另一方面，经过精心设计、排版的内容在视觉效果上更加突出，能够给用户以赏心悦目的感受。

图4-27为小红书上比较常见的以拼贴式图片作为首图的笔记。

图4-27　拼贴式图片作为笔记首图的示例

由图4-27不难看出，以拼贴式图片作为笔记首图，对图片整体的协调性要求非常高，选用的图片除了风格一致外，色调和氛围都要保持一定的相似程度，不然看起来就十分杂乱，用户在看到时就会感到"眼花缭乱"，一时之间摸不清重点。

另外一点就是这两张图片除了将多张图片拼贴起来，还做了一个动作——在图片中添加了醒目的文字。这种做法可以很好地吸引用户的注意力，让用户在第一眼看到这篇笔记时就能够知晓博主想要表达的内容，从而决定要不要点击查看详情。

③海报大片

书中多次强调，小红书上的用户以生活在一、二线城市的都市白领和职场精英女性为主，这一类用户通常对"美"有着比较高的追求，尤其是对于一些追求"小资"生活的用户来说，一张精致又文艺的首图将成为吸引她们的"灵魂"。

和高颜值美图不同的是，海报大片会在图片中加入一些其他的元素，比如文字、符号等，通过这些元素来对细节进行完善，如图 4-28 所示。

图 4-28　海报大片作为笔记首图的示例

海报大片的创作要点比较简单，运营者在设计图片时需要重点关注的是图片的精美程度。这一点涉及拍摄技巧，运营者可以在实际操作的过程中锻炼自己的拍摄技术，不断提高自己的审美能力，从而保证自己能够拍摄出更多更精美的图片。

主图确定好之后，就需要在图片上进行二次编辑，比如在图片中加入艺术字或者其他元素。但是需要注意的是，要保证图片的整体性和协调性。

④对比图

对比图很好理解，就是通过两张或多张图片的对比来突出某一方，这一类型的首图通常应用在穿搭、健身、彩妆等领域，通过巨大的反差来更好地展现改变、突出效果。

图 4-29 为小红书上比较常见的以对比图作为首图的笔记。

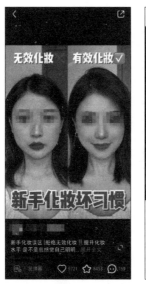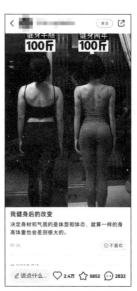

图 4-29 对比图作为笔记首图的示例

这一类型的首图在创作时要记住三个要点：第一，在合理、真实的前提下，前后反差越明显，越有利于提升笔记的点击率，运营者在进行创作时要尽可能地突出前后差别；第二，运营者要学会发挥配文、标题与首图之间的协调作用，在标题、配文中采用稍微夸张一点的文字引发用户的好奇心，增加笔记的吸引力；第三，为了更加直观地突出前后差别，运营者在拍摄、修整图片时要注意前后图片的拍摄场景和角度以及修图手法要尽量保持一致，这样带给用户的感受才会更加直观与真实。

⑤纯文字图片

如果笔记内容以文字为主时就可以使用纯文字图片作为首图，一来可以大概告知用户本篇笔记具体要展示的内容是什么，二来可以体现出博主的专业度和认真度。这一类型的首图通常应用在比较专业的干货分享或是针对某一事情的指导教程等。

图 4-30 所示为小红书上两篇以纯文字图片作为首图的笔记。

图 4-30　纯文字图片作为笔记首图的示例

纯文字图片的创作要点相对来说比较简单，在进行设计、创作时甚至都不需要背景图片，只需要通过若干个关键词告知用户本篇笔记所要传达的重点内容即可。

但是需要注意的是，摆在首图上的这些关键词要具有足够的吸引力，让人一看就有想要打开阅读具体内容的欲望，而且要注意在排列这些关键词时不能太过于密集，还要注意图片整体的美观度，不能为了吸引用户，把所有的内容都摆上去。过于杂乱、饱和的首图是难以吸引用户的注意的，最终可能会带来适得其反的结果。

（2）视频笔记首图的类型及创作要点

视频笔记的首图设计相较于图文笔记来说比较简单，常用的类型有以下三种。

①从视频中截取图片

从视频中截取图片，分两种情况：第一种是运营者在上传视频时，不对视频进行任何干预。这种情况下，平台将会默认把视频内容的第一帧作为首图，这一类型的首图多应用在风景、摄影等品类中。第二种是从视频中截取一张图片作为封面。这一类型的首图适用范围非常广泛，比如美食、穿搭、日常生活 Vlog 等。

图4-31所示为从小红书上截取的以视频内容作为首图的案例。

无论是取第一帧图片还是取视频截图，都不需要进行额外的创作，是所有首图类型中最为简单的一种方式。但是这种类型对视频内容本身的要求比较高，而且需要视频内容中存在适合作为首图的一帧图片。

否则从视频内容中截取图片作为首图就难以吸引到用户的注意力，首图不具备吸引力，即便视频内容做得再好也无济于事。

图 4-31　以视频内容作为笔记首图的示例

所以，运营者在使用这种类型的图片作为首图时要谨慎一些，不能因为这种方式操作起来比较简单就随意使用，还是要对自己辛苦创作的内容负责。

②图片＋文字标题

很多时候视频笔记的点击率之所以比较低，主要是因为视频的首图也就是封面过于单一。用户在初次看到这篇笔记时不知道里面具体讲的是什么内容，图片对其来说也不具备强有力的吸引力，于是就顺手划走了。

所以很多运营者在设计、创作笔记首图时就会选择在图片中加入一些文字标题，将笔记所要阐述的具体内容通过简短的文字在首图中进行突出显示，通过这种方式来吸引用户的注意，如图 4-32所示。

图 4-32　"图片＋文字标题"式的视频笔记首图

　　和直接从视频内容中截取图片不同，这种类型的图片就需要运营者另外制作了。在制作时需要注意首图的背景要和视频内容紧密联系，最好不要选择风格、内容不一致的图片作为背景，还要注意图片的尺寸要和视频的尺寸相吻合，不然就会稍显奇怪。制作完成之后，将图片插入视频中并调整位置到第一帧，之后再进行上传。

　　另外，要注意首图中出现的关键词不能过于宽泛，要有针对性，这样才有辨识度，对于用户来说吸引力才更大。

　　③视频截图＋外框

　　和"图片＋文字标题"的形式比较类似，"视频截图＋外框"也是截取视频中的一帧图片，然后对其进行修饰。不同的是，前者是直接在图片中添加文字，后者则是在图片外添加边框、文字以及其他装饰等。

　　最终呈现出来的效果就是视频内容和边框是分离的，视频在播放时，边框会保持不动，如图4-33所示。

图4-33　"图片＋边框"组合的视频笔记首图

　　这种类型的首图看上去就会更具设计感，各种元素也会更加丰富，对用户的吸引力也会更强一些。

　　但是在制作这一类的首图时还是要注意一些问题：第一，从图4-33中可以看出，添加视频边框在一定程度上压缩了视频本身的空间。因为视频内容才是主体，所以运营者在想办法把视频边框设计得好看的同时也要注意平衡好边框和视频本身的关系，不要颠倒主次、喧宾夺主。第二，添加过多的元素会导致整体的画面看上去杂乱无章。运营者在选择元素时要注意统一风格，而且应注意不要堆砌过多的元素，适当就好。

这种类型的首图是三种类型中最为复杂的一种，虽然在创作时有一定的难度，但也是最有发挥空间的一种形式。运营者在选用这种类型的图片作为首图时，可以充分发挥自己的想象力，创作出更多更有创意的内容。

❸ 细节及注意事项

关于小红书笔记首图在创作时的细节和注意事项，在这里主要强调两点。

（1）文字、元素风格要契合内容

首图中出现的文字、元素要基于笔记的内容来定。比如可爱、萌宠一类的内容在设计首图时就应该选择可爱、轻松一点的字体和元素，而不是采用一些非常厚重、正式的字体和元素；如果笔记的内容是偏正式一点的，尤其是涉及一些专业知识的笔记，就不应该选用轻松、可爱的字体或元素，而是要契合视频的具体内容，选择稍微正式一点的字体或元素。

另外，在图片中添加文字或元素时要格外注意其摆放的位置，一般来说，文字或元素放在图片中人物的上方或下方。总而言之，无论怎么布局，最终都要保证整体风格的协调性和美观度。

（2）整体风格的一致性

这里所说的整体风格不同于上文提到的单篇笔记的风格，而是说运营者在进行创作时，要注意统一所有笔记的风格。这样做也是为了进一步凸显个人特色，在用户心中留下深刻的印象，使用户一看到某些元素就会想到某一位博主。

比如博主"石头的美好生活"，熟悉该博主的用户都知道，该博主发布的所有视频几乎都以人像为主要内容，再配上卡通形象蜡笔小新作为背景以及一句和视频内容有关的标题，如图4-34所示。

图 4-34　账号"石头的美好生活"主页截图

在对多个账号进行过研究之后，笔者建议运营者在创作笔记时不要总是变换自己的风格和特色，偶尔一两次创新"试试水"是可以的，但是如果频繁变换格调，就会难以打造属于自己的个人名片，对内容的垂直度也会有影响。

4.3.4　正文

运营者想要运营好小红书账号就必须弄清楚这样一个逻辑：无论是选题、标题还是首图，包括配图都是为正文服务的，是为了吸引用户查看笔记。

这里需要格外强调的一点是，图文笔记的正文必须是文字，但是视频笔记的正文既可以是文字也可以是视频中博主所说的话。

在对选题、标题以及首图的创作有所了解之后就来到了最关键的一步，那就是如何创作出高质量的正文内容，和标题、首图、配图一起组成一篇优质的笔记。

那么，如何才能创作出一篇高质量的正文内容呢？在了解具体的方法论之前，运营者首先需要明确自己是出于何种目的想要创作一篇优质的笔记。关于这一点，大多数的运营者可能都会回答两个字——变现。

没错，虽说小红书的标语为"标记我的生活"，但是极少有人真的只把它当作一款记录生活的工具。无论是个人还是品牌，入驻小红书的目的都是为了实现变现，否则花费大量的时间和精力，难道只是为了向众人展示自己的生活吗？

简言之，运营者打造爆款笔记并不只是为了追求最后的效果，而是要为变现做准备。如果一篇经过精心打造的爆款笔记无法为运营者带来实际的收益，那它只能算作是一篇"无效笔记"，虚有其表。

围绕着这一核心目的，运营者还需要深入思考小红书笔记内容的生产逻辑，以确保自己能够创作出更多更优质的笔记。

❶ 小红书笔记的生产逻辑

一部分运营者可能会认为没有必要去了解其内容的生产逻辑，只需要知道如何创作一篇优质笔记的具体方法，"依葫芦画瓢"，再结合自己的创作经验，打造出一篇优质的笔记也并非什么难事。

有这样的想法无可厚非，因为大多数人借助互联网平台掘金，都希望能尽快赚到钱，所以很少有人会去思考背后的逻辑，只愿意花时间去了解"术"的层面的东西，而不愿意花工夫去了解"道"的层面的东西。但殊不知，只知"术"不知"道"，当危机来临时就会很容易走入一个个误区，无法自拔。

更重要的是，运营小红书账号并非是一个短期的过程。虽然不乏有人一夜暴富，但作为运营者来说，想要长期获利，还是应该持"长期主义"精神，弄清楚其操作运营的深层逻辑。

就通常情况而言，小红书笔记的生产逻辑可以从以下三个维度进行思考。

（1）笔记要有人群"痛点"

对于小红书账号的运营者来说，如果一篇笔记不以解决一部分人的"痛点"而存在，那就难以成为一篇爆款笔记。因为笔记本就是为了引流或涨粉，如果笔记的内容都不是用户所关心的，那自然难以获得较好的数据，所以还是前文所强调的"用户思维"，运营者在创作笔记时一定不能站在自己的角度，而是应该深入思考用户的需求，这样的笔记内容才更能受到用户的欢迎。

其实前文在阐述标题、首图时已经提到过这方面的内容，要以"痛点"来吸引用户，但是除了标题和首图，还需要在正文中加以显示，进一步突出内容。

比如下面这篇时长 5 分 43 秒的视频笔记，其标题为《偷师韩国头皮抗衰按摩，宅家 get 发量富人》，首图中以展示博主本人发量的照片为主要内容，再配上"我不秃了"四个大字，一眼就能吸引到用户的注意力，如图 4-35 所示。

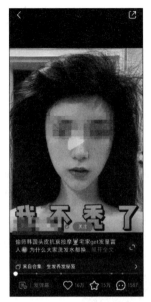

图 4-35 某博主创作的关于"生发"的笔记截图

更重要的是，虽然这是一篇视频笔记，但是博主还是非常用心地编辑了文案，并且在文案中再一次戳了用户的"痛点"，然后详细介绍了具体的方法，还把视频中比较重要的时间节点整理出来，便于用户直接跳转查看。运营者在创作笔记时也可以参考这种做法，除了在标题、首图中点明"痛点"，也不要忽视正文部分对笔记的加成作用。

（2）笔记要有代入感

小红书笔记能否成为爆款，主要取决于用户是否喜爱笔记的内容，或者说能否从笔记中找到共鸣。不要小看用户与博主之间的这种共鸣，把握好之后对于笔记成为爆款以及后续的变现都是非常有帮助的。

比如小红书博主"暖暖一家"在平台上发布了一篇关于"产后崩溃无助"的笔记，笔记主要讲述了该宝妈在生产之后所遇到的诸多难题以及数次面临崩溃的心路历程。笔记一发出，就引起了很多有着共同经历的宝妈的共鸣，截至 2021 年 9 月，该笔记已经收获了 1.5 万个点赞、2313 个收藏以及 2212 条评论。打开这篇笔记的评论区，可以看到几乎全是理解、鼓励、感同身受类的文字，可以说代入感非常强了。

图 4-36 为该篇笔记的正文详情以及评论区截图。

图 4-36　某博主发布的关于"产后崩溃"的笔记正文及评论区截图

除了在视频中详细讲述自己的经历，博主还通过大段的文字将自己的心路历程写了下来，进一步强调自己是怎么一步一步走过来的。

这篇笔记也是该博主在小红书平台上发布的所有笔记中获赞最高的一篇笔记，虽然这篇笔记没有提及任何与变现有关的内容，但是其引流效果是非常明显的，为该博主在之后的笔记中推广商品奠定了良好的基础。

（3）笔记要向上、美好

众所周知，小红书还有一个别称——美好生活分享社区。"美好"是小红书一直以来倡导、强调的一个概念。

而这种"美好"主要就是通过小红书上的笔记来呈现，所以运营者在创作笔记时除了要保证内容的价值以及完整度，还需要注意内容整体的调性要积极向上，不要炫富，也不要抱怨。这一点在2021年4月小红书官方发布的《社区公约》中也有体现。

积极向上、多元美好的生活也是大多数人所向往的，所以这一类笔记发布到小红书平台之后，不仅能够符合平台的调性，还能够吸引到更多的关注。

比如小红书某博主发布的一篇关于"小幸福"的笔记，如图4-37所示。

图 4-37　某博主发布的关于"小幸福"的笔记截图

在这篇笔记的正文部分，博主着重介绍了一下房屋的整体布局，并且多次强调"女孩子不论多大都要有一颗少女心"，一下就凭借着积极美好的内容吸引了众多用户的注意。而这篇笔记的评论区也几乎都是询问博主某某商品的购买方式。

总的说来，这篇笔记既向众人传达了美好生活的理念，又帮助博主实现了变现，一举两得。运营者在创作笔记时可以借鉴这种方式，虽然所处的领域可能不一样，但是方式是可以作为参考的。

在明确关于笔记的这些底层逻辑之后，运营者就可以学习正文写作的方法论了。

❷ 创作优质笔记正文的方法

想要创作出优质的笔记正文，运营者可以从以下三个方面着手：首先确定好正文的整体框架；其次在内容排版上下功夫，确保整体看上去简约、美观；最后注意关键词的设置。

（1）框架

框架是写作正文之前必须要做的一项工作。学会搭框架最好的办法就是模仿同行，找到同行创作的热度比较高的笔记，仔细研究他们在写作正文时采用的一些手法，然后对内容进行拆分、拆解，摸清他们在写作时的"套路"，然后应用到自己的创作中。

图 4-38 为某美食博主创作的一篇向用户介绍"肉燥米线"做法的笔记。

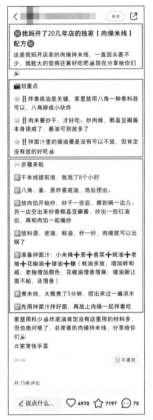

图 4-38　某美食博主创作的一篇关于美食制作教程的笔记

　　下面将以这篇笔记为例来一一分析正文该怎么搭框架。这篇笔记的内容大致可以分成四个部分。第一部分是介绍本篇笔记主要讲述的内容，给用户以清晰的指引；第二部分是提炼的关于制作这道美食所需要关注的重点；第三部分是正文的主要部分，向用户详细介绍了美食制作的具体步骤；第四部分是对所有的内容进行了总结，并且通过文字和用户进行了互动。

　　这是最为常用的一种结构，其实可以大致理解为总—分—总式的结构。首先在正文的开头向用户介绍一下接下来将要阐述的具体内容，进一步吸引用户的兴趣；接着以详尽的文字向用户说明自己要表达的主要内容；最后用简短的文字进行总结。

有的运营者可能会说，自己所处的不是美食领域，要向用户传达的内容相对而言也不是那么有逻辑，这样的内容应该怎么搭框架呢？

其实这样的内容也可以采用"总—分—总"式的结构，只不过它不像教程类的笔记可以罗列出很多细小的点。

举一个例子，比如某用户想向别人传授自己在某件事上踩过的"坑"，就可以在正文的开头介绍一下事件的具体经过，吐露自己当下的真实想法；之后就可以介绍自己是如何解决这件事情的，这一部分可以理解为"干货内容"；在正文的最后部分再总结一些切实可用的经验提供给用户，从用户的角度出发，让其感到博主是真心为他们着想，这样一来，用户对于博主的好感自然就会增加了。

关于具体的内容，运营者可以根据自己的实际情况进行发挥，但是框架结构是可以学习的，而且基本上所有的笔记在创作时都可以采用这种结构。

（2）排版

排版很好理解，就是为了让用户在看到笔记时首先能有一个比较好的视觉体验，让他愿意往下看；另外，就是能够帮助用户在阅读笔记时能够迅速找到自己想要查看的重点。

这也就要求运营者在创作正文内容时，除了要确保内容本身的质量优质，还应在排版上下功夫。

图 4-39 为笔者在小红书平台上找到的一篇排版做得还不错的笔记。

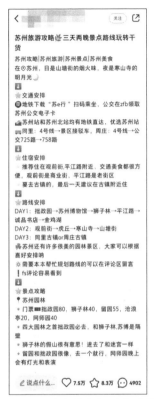

图 4-39　小红书平台上排版相对优秀的一篇笔记

　　这是一篇旅游攻略，由图 4-39 可以看到，在正文的开头博主罗列了四个词组，基本上是概括了这篇笔记的主要内容。正文的重点部分分成了五个小的部分，分别是交通安排、住宿安排、路线安排、景点攻略以及美食安利，因为文字内容过多，所以这里只截取了一部分。

　　但是从图 4-39 中还是能够清楚看到这篇笔记的整体排版是比较美观的，从这篇笔记也可以整理出运营者在写作正文时要注意的排版要点，如表 4-5 所示。

表 4-5　正文部分排版的要点

要　点	作　用
多用表情符号	适当地使用表情符号可以为枯燥的文字带来一些活力，提升用户的阅读兴趣。比如上文案例中在描述地铁、动车/高铁、公交车时都会在前面加上相应的符号，这样用户看起来就会更直观，也不会感到枯燥。另外，对于一些重点内容也可以用符号加以强调
多换行	换行对于增添整体的美观度有非常大的帮助。对文字进行换行、分段，除了能让整体视觉效果更美观以外，也会进一步刺激用户的阅读兴趣，使用户不至于看满屏的文字时因为"头大"而选择关掉笔记
用符号隔开段落	用符号作为间隔来隔开段落，能够让全文更有层次感，用户一眼看上去，笔记的整体脉络会比较清晰。虽然用标点符号也可以起到间隔作用，但是各种不同的符号会给人眼前一亮的感觉，带来的体验更好

这就是排版的重要性。文字少一点的笔记可能还好，但如果是文字稍多一点的笔记，那些没有经过排版的笔记在用户的眼里就只是一堆文字而已，让人不仅找不到重点，还很容易导致视觉疲劳，以至于产生不好的阅读体验。

所以运营者在创作笔记内容时还应该控制笔记的字数。小红书在这方面也有一定的限制，一篇笔记最多只能编辑输入 1000 个字。所以运营者要学会精简自己的语言，学会用最少的文字表达更丰富的内容，或者将内容分割成上、下篇发布，还可以吸引流量。

（3）关键词

关键词是正文内容中非常重要的一个组成部分。当运营者发布小红书笔记时，平台都会根据笔记的正文内容抓取一些关键词，再结合账号的定位，从这些关键词中提炼出核心关键词。

当核心关键词和用户在搜索时用到的词匹配度越高，笔记被搜索到的可能性就越大，也就越有机会优先被用户看到。举一个例子，如果一篇笔记中含有"健身技巧"这个关键词，某位用户刚好在搜索框用"健身技巧"一词来进行搜索，那么这篇笔记就很有可能被用户看到，如果笔记本身的数据比较好的话，极有可能会展现在前列。

那么，运营者在创作笔记时应该怎么找到属于该篇笔记的关键词呢？通常来讲有两种方法，一是通过小红书平台自带的"搜索发现"来确定关键词，如图 4-40 所示。

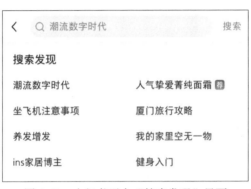

图 4-40　小红书平台"搜索发现"界面

一般这里会显示近段时间以来小红书用户搜索比较多的词或方向，而且相对来说比较热门的词语后面也会标注"荐"。运营者可以时不时地查看这里的推荐关键词，如果其和自己所处的领域以及准备要创作的内容方向有关的话，完全可以直接将其作为笔记的关键词来使用，这样被平台推荐的概率会大大增加。

当然需要注意的是，这里的词是不断变化的，运营者在使用时要稍微谨慎一些，可以点击自己所需要的关键词，查看一下详情，再决定是否要使用。

除此之外，还有一种方式就是通过下拉搜索来确定关键词。比如运营者在搜索框输入"美食"，下面的下拉框就会出现一系列与之相关的词语，如图 4-41 所示。

图 4-41　在小红书上搜索"美食"后的界面

这些词通常也是用户搜索比较多的词，相对来说是比较精准的。运营者在创作笔记时也可以将其嵌入自己的正文文案中，这样更能抓住内容的核心，吸引到的用户也会更精准一些。

以上就是运营者可以借鉴的查找、确定关键词的两种方法。在明确方法之后，运营者在使用、铺垫关键词时还应注意以下原则，如表 4-6 所示。

表 4-6　关键词使用的原则

原　则	具 体 含 义
不长不短	关键词越长，竞争越小，但获得的流量也越少；关键词越短，获得的流量越多，但竞争也相对激烈。运营者在选择关键词时要折中，尽量选用不长不短的关键词
堆砌无效	正文中如果频繁出现关键词，首先会计文案读起来不够通顺，影响用户体验。另外，如果被系统检测到，就会被判定为广告，然后对笔记以及账号进行限流处理
优先选择包含关键词的话题、标签	为笔记添加话题、标签，可以大大增加笔记的曝光量以及被搜索到的概率，带有关键词的话题、标签则会进一步增加这种概率，因此运营者在选择关键词时应优先选择包含关键词的话题和标签

　　综上便是打造小红书爆款笔记的具体方法。运营者在创作笔记时可以直接套用这些方法，但这里提到的所有方法都具有普适性，运营者在使用这些方法和技巧之前，必须经过独立的思考，再结合自身的实际情况灵活运用。

第 5 章

涨粉：小红书账号快速涨粉攻略

运营小红书账号仅依靠优质的内容是不够的，还需要有一定数量的粉丝基础作为支撑。无论多么优质的内容，要是没有粉丝的关注和传播，账号将会失去存在的意义和价值，个人品牌、商业变现等也将成为一纸空话。

5.1　小红书账号的涨粉逻辑

对于每一个想要运营好小红书账号的人来说，粉丝数量的多少在一定程度上代表了其运营的成果，因为它是评判一个账号等级高低最为直接的标准。

所以，大部分运营小红书账号的人都在谋求快速且精准的涨粉。身处小红书这一内容社区平台，他们也明白想要快速"涨粉"，就必须依靠高质量、有价值、有内容的爆款笔记。因为只有笔记成为爆款，它获得的流量和曝光量才会更多，看的人多了，粉丝数量才有可能增加。

这一底层逻辑是绝大多数小红书账号的运营者都明白的，可是明白归明白，还是有很多运营者仍然运营不好小红书账号。尽管他们知道了如何创作出一篇高质量、有内容的爆款笔记，但是却因为无法预估到笔记的最终效果而频频碰壁，有的人也因为发布出去的笔记始终得不到回应而选择了放弃。

创作出了好的笔记，却没有人看，长期如此的确会对小红书账号的运营者产生较大的打击，有人因此放弃也可以理解。但是众所周知，小红书是一款以内容制胜的平台，运营者既然花费了大量的时间和精力掌握了创作优质笔记的方法，最关键的一步都已经克服了，再放弃实在是非常可惜。

那么，这一问题到底应该怎么解决呢？如何才能让自己辛辛苦苦创作出来的笔记发挥出它本应发挥的价值，吸引到更多的粉丝呢？

想要真正克服这个问题，小红书账号的运营者还应该对小红书账号的涨粉逻辑进行研究，只有把涨粉的底层逻辑研究透彻之后，才能知道为什么自己辛苦创作出来的笔记得不到平台的推荐。

虽然无法对平台的推荐机制进行干预，但通过了解涨粉逻辑，小红书账号的运营者能对笔记被推送的整个过程有一个更加全面、透彻的了解。这对于后续的创作以及运营都是非常有帮助的，不仅能够帮助运营者找到在过去运营的过程中粉丝始终无法增长的原因，还能有针对性地对这些问题进行调整，从而促进粉丝数量的增长。

想要深入了解小红书账号的涨粉逻辑，运营者首先需要了解小红书账号的涨粉步骤，再从这些步骤中理清逻辑关系。

小红书账号的涨粉步骤其实和小红书平台的推荐机制是紧密关联的，如图 5-1 所示。

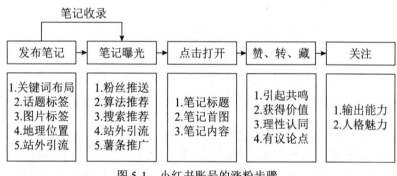

图 5-1　小红书账号的涨粉步骤

想要快速涨粉，以上步骤都是不能忽视的。首先从笔记被运营者创作出来，发布到平台，由平台开启推荐，再到平台用户看到之后发起点赞、评论、收藏等互动行为，最后选择关注博主，这其实是一条完整的链条，业内人士也称之为转化漏斗。

也就是说，笔记被看到的次数越多，被打开的概率才更大。当笔记被打开的次数多了，在笔记质量足够优质的前提下，笔记内容被用户认可的概率才更大，账号被关注的概率也才更大。

这是一个完整的逻辑链条。而关于发布笔记的操作步骤和具体方法，在本书的前半部分已经进行了详细的介绍，下面笔者将从曝光、点击、互动和关注这四方面对小红书的涨粉逻辑进行详细的阐述，小红书账号的运营者可以从这些逻辑关系中探究到涨粉的秘诀。

5.1.1 曝光

笔记获得曝光主要有五种途径，分别是粉丝推送、算法推荐、搜索推荐、站外引流以及薯条推广。

❶ 粉丝推送

这一点很好理解，就是指运营者发布一篇笔记之后，平台会根据其内部的推荐机制，将笔记推送给账号的粉丝用户。粉丝在看到笔记之后会产生一系列的互动行为，进而使得笔记的数据有所增长，从而帮助笔记进入更高一级的流量池，笔记因此被推荐给更多的人。

但是运营者需要明确的一点是，一篇笔记发布之后并不是所有的粉丝用户都能收到平台的推送，具体推送给多少粉丝，推送给哪些粉丝，是由账号目前的运营情况、粉丝的活跃度以及粉丝与博主的互动情况等因素决定的。

❷ 算法推荐

对平台有一定了解的运营者都知道，算法推荐可以细分为两个渠道。一个是"同城页"的推送。用户打开同城页面，可以看到位于同一城市的其他小红书用户发布的笔记,当看到感兴趣的笔记时,用户也可以和其进行一系列的互动行为,帮助笔记的数据得到增长。还有一个是小红书官方根据笔记的综合数据进行推送。当笔记在一级流量池获得的数据比较好且能够达到进入更高一级流量池的标准时,小红书官方就会将笔记推送到更高一级的流量池,以此类推。

算法推荐更看重的是笔记本身的数据。笔记本身的数据越好,越容易得到平台的推荐,曝光度高了,自然也就更容易得到用户的关注和青睐,粉丝数量上涨的概率才会更大。

❸ 搜索推荐

这种曝光方式比较依赖于用户的主观意识。在这种曝光方式下,笔记被用户阅读主要由笔记的选题、标题、首图、关键词布局以及话题标签、图片标签等多种因素决定。

小红书账号的运营者想要笔记被更多的用户搜索到,就要在创作时下功夫,尤其要注意标题、首图以及关键词的布局这些方面,当然更重要的是,注重内容本身的质量。只有内容本身的质量优质了,积累了一定的用户数据之后,当用户进行搜索时,笔记的排名才能更加靠前,笔记被阅读的概率才会更大,涨粉的可能性也才更大。

❹ 站外引流

从字面意思很好理解,小红书笔记除了在站内进行分享,还可以进行站外引流,简单来说,就是将小红书笔记分享到其他互联网平台,通过其他渠道为笔记注入新的流量。

站外引流可以从两方面来看。一方面是运营者将自己创作的小红书笔记分享到其他平台。目前小红书支持分享的站外渠道有微信好友、微信朋友圈、QQ 好友、QQ 空间、微博等。小红书账号的运营者可以根据自己的实际情况进行分享。另一方面是小红书用户阅读笔记后，将笔记分享到其他平台，这种分享多以微信好友之间的分享为主。这种用户自发的分享对于笔记数据的增长其实是非常有帮助的，但前提是要让用户觉得有分享的价值，他们才会进行分享，所以小红书账号的运营者还是应该坚持创作能给用户带来价值的笔记。

另外，需要注意的一点是，小红书账号的运营者在将笔记分享到其他平台时要注意分寸，不可过度操作，否则可能会被平台认定为营销性质严重，影响该账号的权重。

❺ 薯条推广

这一点就更为直接了，小红书账号的运营者在发布笔记后可以选择以付费的方式来获得平台推荐，增加曝光的机会，从而使笔记被更多的用户看到，提高阅读量，增加账号被关注的概率。

投放薯条推广的方法也比较简单，首先在个人主页中找到想要投放薯条的笔记，然后点击界面右上角的"…"符号，在弹出的小窗口中点击"薯条推广"即可进入投放界面，如图 5-2 所示。

不过，运营者需要注意的是，"薯条推广"并不是有钱想投就能投，投放薯条推广有三个限制条件：第一，发布笔记数量≥2 篇；第二，粉丝数量达到 500 名；第三，账号符合社区规范。只有同时满足这三个条件，才能进行薯条推广。

图 5-2　投放"薯条推广"的方法

　　第一点和第三点相对来说比较好理解，运营者要达到官方规定的门槛也相对容易。至于第二点，对于新手运营者来说是比较合理的，因为运营者在初始阶段对于小红书平台的规则还不太了解，创作出来的笔记相对来说可能也不那么优质，整体都处于摸索阶段，再加上账号本身没有什么数据积累，在这个阶段投放广告是不太可取的，所以小红书官方才设置了限定条件，以 500 名粉丝为基础，帮助小红书账号的运营者对后续的运营进行规划。

　　综上，就是小红书笔记获得曝光的五种渠道，这五种渠道同等重要，不分主次。所以，小红书账号的运营者在让笔记获得更多的曝光这一方面可以从这五种渠道下功夫，当然只有极少的人能做到将这五种渠道的作用发挥到极致，小红书账号的运营者可以在实际运营的过程中根据自己的情况选择适合自己的方式。

不过小红书账号的运营者必须要明确的一点是，无论选择哪一种渠道，最重要的前提是保证内容的质量，只有内容的质量足够优质，这些曝光渠道才能发挥出作用，尤其是最后一种方式，在内容质量高的情况下，笔记获得二次曝光的机会才更大，回报率才能更大。

5.1.2　点击

点击是小红书账号涨粉的关键因素之一。在笔记获得曝光之后，如果用户没有点击查看笔记详情，那么这样的曝光只能称之为无效曝光。无效曝光的次数越多，说明笔记本身所具备的吸引力越小，所以用户在信息流界面看到笔记后才没有想点击阅读的欲望。

如果是这种情况，小红书账号的运营者就应该倒回去再认真学习一下如何创作一篇具有吸引力的小红书笔记，不断精进自己的创作能力。

这里主要阐述笔记被点击阅读的两种情况。小红书笔记被阅读，无非有两种情况：一种是被已经关注的用户阅读，另一种是被未关注的用户阅读。

未关注的用户点击阅读笔记，更多的是被笔记的首图、标题以及笔记的主题等因素吸引；而已关注的用户点击阅读笔记，除了上述提到的因素外，还受到粉丝黏性的影响。

粉丝黏性越高，点击阅读笔记的概率就越大。那么对于小红书账号的运营者来说，需要了解的是，什么样的账号才能获得较高的粉丝黏性呢？

就通常情况而言，定位明确且垂直、内容视觉风格较为统一、内容优质且有价值的账号，粉丝黏性会比较高。除此之外，还有一种情况，就是博主本身具有人格魅力，能通过自身的长相、言谈等吸引到众多忠诚度比较高的粉丝。

粉丝黏性比较高的账号通常表现为点赞、收藏的数量比粉丝的数量高出好几倍甚至更多。简单来说，就是用账号获赞与收藏的数量除以粉丝数量，得到的数值越大，说明粉丝黏性越高。

举个例子，小红书博主"俺是幺弟"生活在四川农村，其笔记以分享真实的农村生活为主。目前该账号在小红书平台上拥有4.8万名粉丝，但是点赞、收藏的数量却达到了31.8万个，如图5-3所示。

图 5-3　账号"俺是幺弟"主页截图

与之相反，如果一个账号的粉丝很多，但是获赞与收藏的数量却很少，这就说明账号的粉丝黏性比较低，涨粉的速度相对来说也比较慢，账号的整体发展情况陷入了瓶颈期。

如果遇到这种情况，小红书账号的运营者就要在笔记内容上下功夫了，因为这种情况一旦长时间得不到缓解或突破，将会大大降低账号运营的整体效果。

 ### 5.1.3　互动

关于笔记发布之后的互动情况，更多的是与笔记的内容质量有关，当内容质量达到一定的高度之后，笔记互动的效果自然不会差。

总的说来，笔记获得用户的互动也就是点赞、收藏和评论，通常有四种情况。

❶ 引起共鸣

如果用户阅读完笔记之后能够引起强烈的共鸣，这会促使他们进行点赞、收藏或评论。比如小红书博主"下班考研 girl"在平台上分享自己在职考研的过程，记录自己上班前和下班后的学习状态，很多用户在看到她发布的笔记之后会到评论区给博主加油鼓劲，更多的是和博主有同样经历或是和博主一样正在经历考研的用户在评论区和博主互相加油，如图 5-4 所示。

图 5-4 博主"下班考研 girl"的某篇笔记的评论区截图

当用户阅读到一篇和自己有共鸣的笔记，产生一系列的互动行为也就不奇怪了。这就要求小红书账号的运营者在创作内容时要走心，不可随意敷衍。

❷ 获得价值

获得价值主要是指用户在阅读完一篇笔记之后，感到收获非常大，因而也会自发点赞、收藏和评论。能够触发用户这类互动行为的一定是干货满满的笔记。用户在阅读完笔记之后，解决了自己的某个问题或是满足了自己的某种需求，和博主进行互动也就是一件非常自然的事情了。

仍然拿考研这件事情来举例，小红书博主"Sicar_佳"已经考上研究生，她在小红书平台上发布了一篇笔记，分享自己的考研经验。这篇笔记发布的时间比较早，于 2017 年底发布，截至 2021 年 9 月，共收获了 3 万个点赞、8.6 万个收藏以及 1612 条评论，如图 5-5 所示。

图 5-5　博主"Sicar_佳"的某篇笔记截图

而截至 2021 年 9 月，这位博主的粉丝数量总共只有 1.2 万名，并且大多数粉丝都是来自该篇笔记。他们之所以点赞、收藏、评论这篇笔记以及关注博主，正是因为笔记的内容对于他们来说非常有价值。

所以对于小红书账号的运营者来说，如果想要笔记发布之后能够和用户产生更多的互动，可以将干货类笔记作为一个参考方向。

❸ 理性认同

理性认同是指用户在看到一篇笔记之后认为笔记内容有逻辑、有分析，并且观点清晰、立场鲜明，就会打心眼里对笔记给予认同，然后就会触发点赞、收藏、评论等互动行为。

比如小红书博主"碎嘴许美达"，她于 2020 年 2 月在小红书平台上发布了第一篇视频笔记，不到两年的时间，她在平台上收获了近 100 万名粉丝，获赞和收藏数也即将突破 500 万个。

她之所以能收到如此多的点赞和关注，最主要的原因就是她发布的大多数笔记有着非常鲜明的个人观点。虽然笔记内容大多是和她的家庭、孩子有关，但她非常善于从这些生活琐事中总结观点。比如她置顶的一篇笔记就是分享自己的育儿经验，在其中输出观点，个人特色非常鲜明。当用户从她分享的内容中接收到不一样的观点和立场时，无论是同意还是不同意她的观点和立场，都会和博主产生相应的互动行为。

❹ 有议论点

有议论点就是指笔记的内容具备较强的可议论性，用户在阅读到一篇笔记时能从笔记的标题以及内容中找到可以议论、探讨的点。

这样的笔记通常能够在更大程度上吸引用户进行评论。比如此前有一位小红书博主在平台上发布了一篇标题为《如何看待五一调休凑长假　五一只放半天假！》的笔记，这是一篇视频笔记，时长仅 30 秒，内容也谈不上能够给用户带来价值，只是表明自己对"五一"放假这一事件的看法。笔记发布后很快就受到用户的关注，很多用户在笔记的评论区围绕着博主提出的这一观点进行讨论。说实话，这其实是一篇有时效性的笔记，但是最终还是收获了 6.8 万个点赞、1.5 万个收藏以及 2177 条评论，如图 5-6 所示。

图 5-6　标题为《如何看待五一调休凑长假　五一只放半天假！》
的笔记截图

可能有人会认为这篇笔记之所以受到用户的欢迎，是因为博主本身具有一定的粉丝基础。虽然不能完全排除这一联系，但是从纵向来看，观察这位博主在这篇笔记发布前后的其他笔记，很少有点赞过万的情况，即便有的笔记点赞过万，收藏和评论的数量都远远少于这一篇笔记，尤其是评论的数量；从横向来比较，笔者选取了前文提到的美妆博主"程十安 an"发布的一篇笔记，这篇笔记获赞 15 万个、被收藏 10 万次，但是评论只有 2237 条。熟悉小红书的用户都知道，在点赞、收藏、评论三个互动要素中，评论是最难的，在小红书平台上点赞、收藏超过10万个，评论却不过千是常有的事。

由此可以看到一篇具有较强的议论性的笔记对于评论增长的促进作用有多大，而评论的数量又是影响小红书笔记后续发展的一个非常关键的要素。所以对于小红书账号的运营者来说，想要笔记获得更多的评论，可以在笔记的标题以及内容中埋入一些比较有争议性的话题，但是要选择正能量、积极向上的话题。

当然了，用户阅读完一篇笔记之后，决定点赞、收藏或者是评论肯定不局限于以上这几种情况。每位用户关注的点可能都不太一样，所谓"千人千面"正是这个道理，一篇笔记创作出来也不可能满足所有人的喜好，得到所有人的青睐，所以小红书账号的运营者需要做的就是保持初心，不断强化个人特色，在此基础上持续输出优质的内容。

5.1.4　关注

关注是涨粉的最后一个环节，前面提到的三个步骤都是在为最后这关键的一步做铺垫，只有当用户选择点击关注账号，账号涨粉的目标才算真正完成。

互联网时代，人和人都素不相识，在此前没有交流基础的情况下，用户在小红书平台上看到一篇笔记，凭什么就会选择关注博主呢？这其中的原因主要有两点：一是来自理性价值，也就是用户通过阅读笔记能够获得价值，对于他们来说得到了某些方面的帮助、解决了某些问题，用户就会站在理性的角度进行关注。二是来自博主自身的人格魅力，也可称其为感性价值。比如博主本身的颜值较高，能够给用户带来良好的视觉体验；或者笔记内容比较轻松、幽默，用户看后感到非常开心；或者笔记内容偏向于正能量，能够让用户感受到生活的美好，从感性情绪上得到满足。

❶ 输出价值

输出价值很好理解，用户在看到一篇笔记之后，如果认为笔记内容对于他们来说比较有价值，他们可能会点赞、收藏和评论，但是直接关注的情况是比较少的。通常情况下，用户会进入该博主的账号主页，浏览博主发布的其他笔记，如果其余的笔记也能达到用户的期望，他们就会选择关注；如果达不到期望，他们可能也就止步于那一篇笔记了。

也就是说，用户通过阅读一篇或多篇笔记后决定关注账号，一定是他们认为该账号能够提供给他们的价值已经远远超过了单篇笔记本身。

这也就表明，偶尔靠着一篇爆款笔记赢得关注作用是微乎其微的，最多就是这一篇笔记能够收获到更多的互动，如果账号下其他笔记的质量跟不上，用户大概率也是不会选择关注的。即便关注了，在之后的过程中用户发现其内容远远达不到自己的要求和预期，也会选择取消关注。

因此，小红书账号的运营者必须拥有较强的持续输出能力，只有持续输出优质的内容，才能不断地吸引到新粉丝，而且粉丝黏性才能更高。

❷ 人格魅力

比起输出价值，用户为小红书博主的人格魅力所吸引而选择关注账号又难了几分，因为这不仅要求账号输出的内容能够让粉丝有所受益，还要求博主本人具有极强的人格魅力。当然了，因为此种原因关注博主的粉丝，其忠诚度也会更高一些。

不过这对于博主本人的要求也比较高，需要博主有极高的知识素养，不是单凭高颜值就可以的。比如小红书博主"我是 66 小姐"，她在小红书平台上发布的大多是和恋爱技巧有关的内容，很多人关注她就是因为她的观点比较独特，她所传授的恋爱经验也都比较实用。

再比如前文提到的小红书博主"碎嘴许美达"，很多人关注她也不是出于颜值，而是对她所分享的观点的认同。粉丝纷纷在评论区留言非常赞同她的观点，也希望能够像她一样豁达，这就是人格魅力的加成作用。

总的来说，小红书是一个非常多元化的平台，用户的接纳程度也比较高，用户对于一些未知的事物或者观点都有着极强的包容度。这对于想要入局小红书的人来说是一个绝佳的好机会，没有姣好的容貌、曼妙的身材，也可以在小红书平台上尽情展现自己的过人之处。

以上就是运营小红书账号的涨粉逻辑，这四个环节是一环扣一环的，牵一发而动全身，每一个环节都不可忽视。小红书账号的运营者要记住，一旦开始运营小红书账号，就必须密切关注所有的动向，不能放过一丁点细节，以保证账号能够长久运营下去。

5.2　小红书账号运营涨粉的四大规则

想要运营好自己的小红书账号，除了掌握涨粉逻辑之外，还应该对涨粉的规则进行了解，这也是小红书账号的运营者想要账号涨粉不可忽视的一个环节。

一般说来，想要账号快速涨粉，需要了解的规则有以下四点，如图 5-7 所示。

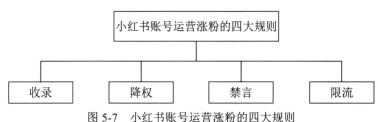

图 5-7　小红书账号运营涨粉的四大规则

下面将对这四大规则进行详细说明。一方面，小红书账号的运营者可以从中学习到运营小红书的方法；另一方面，运营者可以将其作为运营检验标准，看看自己在运营的过程中有哪些做得好的地方和做得不够好的地方，也便于找到自己运营账号始终不见成效的原因。

5.2.1　收录

和其他内容平台的发布机制不同的是，小红书账号的运营者将作品上传到小红书平台后，作品并非直接进入推荐信息流界面，而是先经过一个收录环节，只有被平台收录的作品才有资格被推送到用户眼前。前文也曾提到收录的事宜，但并未对其进行展开说明，下面笔者将就笔记的收录规则进行详细阐述。

❶ 如何判断笔记是否被收录

很多运营者在发布笔记之后被小红书 PR[①] 或其他人告知：自己发布的笔记未被平台收录。可是明明自己在发布笔记时一切并无异常，事后也可以看到自己发布的笔记内容。出现这种情况，表明该篇笔记被"假收录"了，无法进入推送界面。

何为"假收录"？其实就是发布后的笔记只有运营者本人能够看到，其他人无论是在推荐界面还是搜索界面都无法查看到该篇笔记，除非进入博主的主页才能看到。

运营者在发布笔记之后一定要反复确认自己发布的笔记是否被平台"真收录"了。判断笔记是否被真收录有两种方式，分别是话题收录和关键词收录。

其一，如果运营者在创作笔记时添加了话题，如"#初秋穿搭""#独居好物"等，则可以点击笔记中添加的话题，进入界面后选择"最新"选项，如果能够看到自己的笔记，则说明笔记已经被平台收录。

其二，运营者在发布笔记之后可以在平台搜索框输入和笔记有关的关键词，可以是笔记标题中出现过的字眼，也可以是和笔记内容有关的关键词。之后依然是选择"最新"选项，如果能够查看到自己所创作的笔记，则说明笔记已经被平台收录了；反之，则说明笔记未被平台收录。

---

① 小红书 PR 是运营推广职位，其工作职责包括：负责新锐品牌、红人产品在小红书新媒体渠道的推广营销工作；根据产品用户分析，开发达人博主 KOL 资源，进行判断筛选，决定合作的达人，不断积累优质达人资源；定期进行推广效果监控和数据整合分析，优化投放效果。

需要注意的是，话题是不能在搜索栏里直接查找到的，所以确认起来就不如关键词收录更为直接。但是运营者在利用关键词查找时要保证搜索的关键词与笔记的契合度，否则就难以确保最终结果是否准确。

另外，因为小红书平台在展示上有一定的时间延迟，所以运营者查看笔记是否被收录最好选择在笔记发布半小时之后，此时的结果相对比较稳定。

❷ 如何发布笔记更容易被收录

在知道如何判断自己发布的笔记是否被平台收录之后，恐怕运营者更想了解的就是如何才能使自己发布的笔记更容易被平台收录。

具体说来需要注意的有以下五点。

（1）把控好推广笔记和日常笔记的比例

小红书平台一直以来都非常排斥营销性质过于严重的账号，对于那些只是借助平台来兜售商品的账号的打击力度是比较大的。

所以小红书账号的运营者在进行内容创作时要把控好推广笔记和日常笔记的比例。如果推广笔记过多，一方面，会被平台判定为账号的营销倾向严重，会给予账号降低权重、减少流量倾斜等处罚；另一方面，则会让粉丝感到反感。无论是哪一种都是非常不利于账号发展的。

一般情况下，推广笔记和日常笔记的比例维持在 1∶1 或者1∶2 都是没有问题的。

（2）保持固定的笔记发布频率

众所周知，"三天打鱼，两天晒网"对于做任何事情来说都不是一种可取的态度，运营小红书账号也是如此。是否能够持续更新笔记，不仅影响收录结果，对于运营效果的影响也是非常大的。

如果在内容创作上以视频笔记为主，则最好能够保持在一天更新一条的发布频率，如若条件不允许，两三天更新一条也是可以的，这样能够使账号获得比较稳定的曝光。如果在内容创作上以图文笔记为主，可以适当降低频率，通常来说两三天更新一条是比较合适的。不同于视频笔记，图文笔记的更新频率过高，账号被限流的可能性会大一些，对于收录来说也是不利的。

（3）添加热门话题标签

前文曾提到，查看话题是检验笔记是否被收录的方法之一，反过来说，在笔记中添加话题标签是有利于笔记收录的。

运营者在创作笔记时可以根据创作的内容适当添加与其相契合的话题标签，尤其是一些热度比较高的话题标签，这对于笔记被收录是非常有帮助的，能够大大增加笔记被收录的概率。而且如果笔记质量优质，那么笔记有可能被平台推荐到首页信息流。

（4）标题或内容隐藏关键词

同话题标签一样，合适的关键词对于笔记被收录也是有非常大的帮助的。当用户在搜索框输入关键词时，与之匹配度越高的笔记越容易出现在前列。

所以，运营者要学会在创作、编辑笔记时，在标题、内容中"埋入"关键词，增加笔记被收录的概率，也增加笔记被用户搜索到的概率。

但是需要注意的是，有很多运营者为了增加笔记被收录的概率，在笔记标题或内容中大量"埋入"关键词，这是一种非常错误的做法。平台在审核时会认为该篇笔记存在关键词堆砌，有可能把它判定为违规笔记，这样笔记就很难被收录了。

（5）在笔记内容中突出个人感受

小红书一直以来都强调"分享"二字，2021年4月上线的《社区公约》中更是明确提出了"真诚分享、友好互动"的社区行为规范。平台对于那些切实分享自身感受的笔记会给予一定的流量扶持，笔记被收录的概率也会更大一些。

举一个例子，某美妆博主发布了一篇与品牌商合作的笔记，在笔记中只说该产品好，却没有向粉丝表明这款产品为什么好，也没有突出表明自己的使用感受，后台在审核时若过于严格，可能会认为这只是一篇营销笔记，虽然没有违规，但平台不予收录也是有可能的。

❸ 笔记未被收录该如何调整

如果一篇笔记发布之后，几番查找确认没有被平台收录，应该怎么办？是不是应该放弃这篇再另外编辑一篇呢？

有经验的运营者都知道没有这个必要。如果发现笔记未被收录，只需要对笔记内容进行适当的调整即可。因为发布笔记的次数多了，运营者都会明白笔记未被收录是常有的事，如果每次都需要重新编辑，会大大增加运营者的工作量，而且还不能保证重新编辑的笔记就能顺利被收录。

如果运营者发现笔记未被收录，可以从以下方面来进行调整，如表5-1所示。

表 5-1　笔记未被收录的调整方法

序号	方　　法	含　　义
1	检查是否出现敏感词汇	如果笔记中含有的敏感词汇过多，会被平台直接判定为违规。如果发现笔记未被收录，可以检查敏感词，如"最""绝对""极""超强""100%""必买"等
2	更换、调整图片	当前小红书平台对于图片的原创度和美观度的要求是比较高的。如果运营者使用的是非原创图片，则需要进行调整。另外，还要保证图片的清晰美观，必要时可以适当借助图片编辑工具
3	将文字编辑到图片中	这种方法一方面可以增加图片的原创度，另一方面可以有效规避文字中出现敏感词汇

以上就是帮助笔记再次被收录的三种方法。需要注意的是，如果多次编辑、修改，笔记仍然未被收录，运营者就不要再继续进行调整了。这种情况下，笔记被收录的概率会再一次降低，即便最后被收录了，笔记的数据也不会太好。

收录是笔记获得流量和曝光的前提，运营者需要把这关键的第一步做好，才有可能迎来后面的好结果。

5.2.2　降权

账号的权重是影响笔记流量和曝光的一个重要因素，也在一定程度上决定了运营效果的好坏。对于权重较低的账号，不仅是平台不会给予较多的流量扶持，单就审核和收录这一环节都会比权重较高的账号慢得多，而且单篇笔记的搜索排名也会相对靠后一些。

虽然目前小红书官方包括其他内容平台对于账号的权重仍然没有一个明确的定义，但是很多资深的运营者却根据自己的运营经验，总结出了很多影响账号权重的因素，如表5-2所示。

表5-2　影响账号权重的因素

序 号	因　　素	具 体 含 义
1	原创度	无论是个人信息还是笔记内容，原创度高的总是更受平台的喜爱
2	垂直度	从账号的设置到内容的创建，都应该在确定好定位之后，专注于一个领域垂直深耕，不能随意变换
3	内容质量	内容质量的高低将直接影响笔记的具体数据，而这些具体数据又会对账号的权重造成直接影响
4	账号等级	账号等级主要与成长等级①和注册时长这两个要素相关。小红书账号的成长等级越高，权重就越大；账号的注册时间越长，权重也相对会更大一些，但是不可过于绝对
5	账号活跃度	账号活跃度涉及的要素包括账号登录的时长，发布笔记的数量和频次，浏览其他笔记的时长及点赞/互动的情况

从这些影响账号权重的因素不难总结出，大部分账号的权重之所以降低，都是因为违反了平台相应的规则。

从账号本身来看，导致降权的原因有以下几点，如表5-3所示。

---

① 成长等级：小红书平台共有10个成长等级，分别为尿布薯、奶瓶薯、困困薯、泡泡薯、甜筒薯、小马薯、文化薯、铜冠薯、银冠薯和金冠薯，需要达到指定的要求才能进阶到下一个成长等级，一般是点赞、收藏达到多少数量以及发布多少篇话题笔记。

表 5-3　账号违规导致降权的原因

序号	原　因
1	一个手机登录多个账号
2	多个账号使用相同的局域网
3	长时间不登录账号
4	昵称中包含广告或其他违规信息
5	个人简介中留有除微博和邮箱之外的其他联系方式
6	头像违规，如带有微信号、二维码等
7	在聊天中向他人传递一些较为隐私的个人信息

从笔记的具体内容来看，导致降权的原因有以下几点，如表 5-4 所示。

表 5-4　笔记违规导致降权的原因

序号	原　因
1	营销推广笔记发布过多
2	内容涉嫌抄袭（包括小红书平台和其他平台）
3	发布低俗、暴力恐怖、赌博等导向不正确的笔记内容
4	花钱购买粉丝，诱导粉丝进行点赞、评论、收藏，伪造笔记数据
5	笔记图片中带有水印、二维码等信息

运营者可以通过上述内容帮助自己更好地运营小红书账号，一来学习经验，二来检验自己有没有犯过错误，"有则改之，无则加勉"，进一步增加账号权重。

另外，关于如何增加账号权重的具体方法，在前文已经有非常详细的说明，此处不再赘述。

5.2.3　禁言

禁言是运营者在运营小红书账号的过程中可能会遇到的一个问题，一般来说，被禁言主要是因为言论不当，一旦被平台搜索到或是被其他用户举报就会被禁言处罚。

禁言之后小红书博主无法在评论区回复其他用户的留言，有的账号连私信也不能回复，而且连之前发布过的评论也会进行删除处理，只有过了禁言期才会恢复正常。

小红书平台的禁言处罚分为短期禁言和永久禁言两种。短期禁言是指第一次和第二次禁言，禁言时间分别为 48 小时和 7 天；如果再有第三次，就是永久禁言了。

另外，由于禁言是后台人为进行处理的，所以不同的账号在面临不同的问题时，可能会有不同的处理方式，运营者如有问题可以向后台进行申诉。

图 5-8 为申诉的具体步骤示意。

第一步：打开小红书 App，点击右下角的"我"，进入个人后台界面，然后点击个人信息右下方的"设置"。

第二步：在设置界面中点击"帮助与客服"，点击进入之后再点击账号申诉，选择"账号被禁言/封号"，再填写具体的问题和意见即可提交。

需要注意的是，即便是达到时间解禁了，这种处罚依然会对账号造成一定的不良影响。所以无论是编辑笔记还是回复评论，抑或是回复私信，运营者都应该遵循小红书平台的相应规则，尽量避免让账号被禁言，如果被永久禁言需要新建账号的话，之前的沉淀就全都白费了。

图 5-8　小红书账号被禁言之后的申诉步骤

5.2.4　限流

　　有一部分运营者因为缺乏经验，在运营小红书账号的过程中一旦遇到什么解决不了的问题就将其原因归咎为"限流"，愤愤不平地指责平台进行"暗箱操作"。

　　要知道包括小红书在内的所有互联网平台都必须以用户为支撑，如果没有用户，连组建社区的基本元素都没有，还谈什么社区文化。换言之，为了更大程度上吸引新用户、稳固老用户，小红书平台是不会随意对账号做限流处理的。

　　这些人之所以将所有的问题都归咎于限流，是因为他们对于限流的界定还不够清楚。就通常情况而言，出现以下五种情况才可以归为账号被平台限流，如表 5-5 所示。

表5-5　判断账号被限流的五种情况

序号	界 定 标 准
1	笔记被收录的比例较之前明显降低
2	笔记的阅读量突然呈现断崖式下跌,无论发布什么内容曝光量都得不到提升
3	在搜索框输入自己的小红书账号,搜索不到任何曾经发布过的笔记
4	在平台上和其他博主互动,对方收不到相关提示
5	想要给笔记投放薯条,一直提示违规,无法投放

出现上述情况,大致上就可以确定小红书账号被限流了,而为什么会被限流,原因其实与前文提到的降权相类似,很有可能就是账号违反了平台某些方面的规则。

而对于限流的解决办法也无其他,一则需要运营者一一排查自己发布过的笔记和言论,找到违规内容,然后进行删除处理;二则如果没有发现违规问题,可以向平台进行申诉,申诉的具体步骤和账号被禁言后的申诉步骤基本一致。如果采取这两种做法之后,情况仍然没有得到改善,就只能更换账号重新运营新号了。

以上是针对账号整体被限流的具体介绍,还有一种情况是账号本身并无较大的异常,只有一篇笔记的数据相对来说比较低,如果是这种情况,就说明这一篇笔记因为违规被平台限流了,之后进行适当的调整是能够减轻对账号的不良影响的。

如果是这种情况的话应该怎么做呢?和账号整体被限流后的处理办法不同,运营者发现单篇笔记被限流之后,首先要做的不是编辑、删除该篇笔记中的违规内容,而是不要对原笔记做任何修改,在这之后继续维持账号的基本操作,保证账号的活跃度,一段时间之后再发布一篇不带任何营销推广性质的日常笔记即可。

以上就是小红书账号在运营的过程中需要注意的具体规则，虽然看起来有些复杂，但是小红书账号的运营者也不要因此产生畏难情绪，只要在运营的过程中谨言慎行，严格遵守平台规则和《社区公约》，就不会有什么较大的难题出现。

5.3 小红书账号快速涨粉的七大技巧

随着小红书平台的不断发展，越来越多的个人和品牌商将目光瞄准了小红书，想要利用小红书平台赚取收益。根据千瓜数据发布的《2021千瓜活跃用户画像趋势报告》，2020年小红书笔记发布量近3亿条，每天产生超100亿次的笔记曝光。

这对于运营者来说意味着什么？显然意味着竞争日益激烈。随着同一品类下的内容分享者越来越多，原有的该品类下的用户就要再一次被瓜分。如此，可能就会出现几十个、几百个甚至几千个账号要争抢同一拨粉丝的局面。

这让很多运营者"苦不堪言"，很多时候即便笔记内容十分优质，点赞和收藏的数量都比较高，也涨不了几个粉丝。

其实，运营包括小红书在内的任何一个互联网平台，仅仅依靠优质的内容是远远不够的，运营者还需要具备将这些优质的内容输送出去的能力，当优质的内容被粉丝看见，粉丝数量才能增加。

而在这个过程中，也是有很多技巧可以学习的。具体来说，有以下七点。

5.3.1　发布作品，抓住"黄金时间"

经常看电视、听广播的人一定听过这样一个概念——"黄金时间段"，几乎各大广播电视台都会设置所谓的"黄金强档剧场"，然后将比较重要的内容安排到这个时间段内播出。

举个例子，中央电视台《新闻联播》节目从设立之初就将播出时间定为晚上 7 点，之所以这样做，就是因为该时间段为黄金时间段，在这个时间段内播出节目，收视率会更高一些，节目效果更有保障。

同样的道理，在小红书平台上发布作品也有黄金时间段。关于这一点，大多数运营者都只知道 7:00—9:00、12:00—14:00、18:00—22:00 为互联网平台流量高峰期，于是全都一窝蜂地选择在这个时间段内发布作品。到最后却发现，所谓的"黄金时间段"不过也就那么回事，对于笔记的"加持"作用并没有那么明显。

其实并非是"黄金时间段"没有用，而是很多运营者对其理解得不够透彻。并不是所有的账号都可以遵循上述提到的流量高峰期来发布作品，不同的账号有着不同的发布作品的最佳时期。

如何才能找到适合自己发布作品的"黄金时间"呢？要想解决这个问题，小红书账号的运营者必须首先对想要吸引的用户群体进行研究分析，通过分析用户的阅读习惯和职业特性，得出适合自己的最佳笔记推送时间，再在之后的运营过程中结合具体情况进行调整。

① 根据用户的阅读习惯发布

用户的阅读习惯和小红书平台的流量高峰期是比较契合的，因为小红书归根到底还是一款偏向休闲娱乐的社交软件，大部分用户是利用自己的闲暇时间来浏览小红书。

而平台也会将比较优质的内容放置在这些时间段内进行推送，那么对于运营者来说，也可以将自己发布笔记的时间贴合到这些时间段。

但是需要注意的是，笔记发布之后并不是马上被投入信息流进行推送，而是要等待平台进行审核，审核通过后笔记才能被用户看到，所以运营者要掐好时间段，提前发布。

举一个例子，平台上的大部分女性用户会选择在晚上的 8:00—11:00 这个时间段内进行护肤，在这个时间段内，她们查看、搜索和护肤相关的笔记的概率也会更大。

所以如果要发布和护肤相关的笔记，最好选择在晚上 7:45 分左右提交笔记发布，经过 30 分钟到 1 个小时的审核，笔记将于晚上 9:00 左右被正式推送，正好与目标用户的阅读习惯相契合，如此一来笔记的转化率也会更高一些。

② 按照用户的职业特性发布

用户的阅读习惯和阅读时间也会受到其职业的影响。如果目标用户是上班族，那么上文提到的一天当中的三个流量高峰期就比较适用，因为上班族工作日休息的时间是固定的，上班时间一般不会用来浏览小红书，所以集中在上班族休息的时间内发布作品是比较好的。

但是如果是一位母婴品类的博主，其目标用户主要是全职宝妈群体，那么还套用一天中的三个流量高峰期来发布笔记就不太合适了。因为这一类人群不像上班族那样有固定的休息时间，她们的时间相对来说比较松散，所以运营者在发布笔记时应该考虑到目标用户的职业特性，挑选合适的时间进行发布。

除了确定一天当中发布作品的"黄金时间"，那些非日更的运营者还需要把握好一周之内发布作品的"黄金时期"。举一个例子，某职场白领计划着周末和朋友到城市周边郊游，对于周末的计划攻略大概率是不会在周一进行的，通常会选择在周三之后的下班时间进行。所以如果是探店、旅游这一类型的笔记，最好在周三及之后的两天发布，再结合一天当中的最佳发布时间，将能够获取更多的流量。

❸ 根据具体情况测试优化

关于发布笔记的最佳时间这件事，涉及方方面面的因素，绝不是仅凭着平台上惯用的用户活跃高峰期就能确定的，而且每一个账号在运营时的情况都有所区别。因此，要想确定笔记发布的最佳时间还需要经过一步步的测试。

运营者可以首先在平台的流量高峰期发布一篇笔记，并记录下效果，再在稍早或稍晚的时间发送一篇内容相似的笔记，同样记录下效果，然后将记录下的结果进行比较，挑选出效果最好的一篇笔记，在这篇笔记的基础上再以同样的方式选择出更优者，直到最后得出结论。

需要注意的是，这样的测试并非只需要进行一遍，考虑到平台的多变性，运营者需要反复测试方可确认笔记的最佳发布时间。运营者千万不要认为这样很麻烦，正所谓"磨刀不误砍柴工"，一旦将这一点确定好，对于之后的运营效果是非常有帮助的。

5.3.2 参加官方活动，"蹭"流量

小红书作为一款内容社交平台，为了丰富社区内容的多样性，增强用户的参与感，经常会不定期推出一些官方活动。小红书官方发言人也曾明确表示，账号参加官方活动是能够得到平台的流量扶持的，是引流、涨粉的优质选择。

所有小红书账号的运营者当然都希望尽可能多地得到平台的流量扶持，如何才能达到这个目的呢？除了保证内容质量外，参加官方举办的活动也是一种非常不错的方式。

这就好比商场里面的商家，当商场举办活动时，如果商家不参加，一方面，商家的知名度难以得到提升；另一方面，商场也会认为该商家不够配合他们的工作，在之后的活动中很有可能就不会将好的展示位给到该商家。

官方活动有线上的，也有线下的。线下的活动一般是小红书官方邀请才能参加，这里重点说明一下线上的活动。

所谓的官方活动，到底指的是什么呢？举一个例子，小红书账号"薯队长"于 2021 年 8 月 25 日发布了一条笔记，如图 5-9 所示。

此篇笔记就是告诉所有的小红书账号的运营者，官方推出了这一项活动，希望符合条件的小红书博主踊跃参加，并且在下面注明了参与方式和活动奖励。

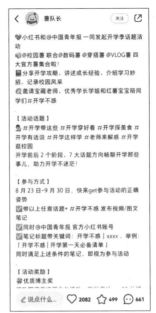

图 5-9　"薯队长"发布的一篇笔记截图

由图 5-9 可以明确，参加小红书官方活动的方式就是在笔记中添加相应的活动话题，如"＃开学带这些""＃开学有话说"等，同时 @ 相关账号，上述这一活动需要 @ 的账号是"中国青年报"，另外，需要在笔记的标题中埋入相应的关键词。一篇笔记同时满足这三个条件，就可视为成功参加了该活动。

具体操作起来其实是非常简单的，让很多运营者头疼的问题其实是通过什么渠道才能知道这些活动。

一般来说，小红书的官方活动主要通过"薯队长"这一通用账号发布。不过，除了"薯队长"外，小红书官方还会通过其他账号发布，如"生活薯""知识薯""创作者小助手"等，另外还包括各种垂直类目的官方账号，如表 5-6 所示。

表5-6　小红书各垂直类目的官方账号

类　目	官　方　账　号
情感类	"心情薯"
生活类	"生活薯""日常薯""城市情报官""走走薯""生活研究所""宠物薯"
运动健身类	"运动薯""蜜桃小姐姐"
知识类	"知识薯""VLOG薯""辣妈成长日记""薯宝宝""汽车薯""数码薯""Geek小哥哥"
娱乐类	"玩家薯""音乐薯""游戏薯""娱乐薯""电影薯"
美食类	"吃不饱同学""吃货薯"
时尚类	"潮流薯""穿搭薯""美妆薯""时髦小姐姐"

　　以上就是小红书上各垂直细分类目的官方账号。这些账号会不定时地更新一些官方举办的活动，小红书账号的运营者可以关注与自己所属领域相匹配的官方账号，时不时地查看官方消息，根据提示操作参与官方活动，如果运营得好，不仅能够得到平台的流量扶持，还能得到官方送出的奖励，何乐而不为呢？

　　不过，小红书账号的运营者需要明确的是，并非是和自己相关的所有官方活动都有参加的必要，不能想着"胡子眉毛一把抓"，很多时候抱着这样的想法最终往往都会面临"竹篮打水一场空"的情形。是否参加活动，要根据当时的情况来定，要有一定的取舍。

　　另外，当平台上的官方活动过多时，运营者一时把握不准该参加哪一个活动时，就可以借助外力来帮助自己进行判断，比如通过千瓜数据的"热门话题榜"来查看相应话题的热度，然后再来做选择，效果就会好得多。

5.3.3 "蹭"热点，让作品快速"加热"

运营好小红书账号最重要的条件是什么？如果拿这一个问题去问小红书账号的运营者，几乎所有人的回答都只有两个字——流量。

的确，流量是运营的前提，再好的内容如果一直没有流量，得不到曝光，想要进一步发展几乎是一件不可能的事情。

为了获得更多的流量，"蹭"热点成了大多数运营者的必备技能，也成了运营过程中的常规操作。热点"蹭"得好对于笔记的加成作用是不容小觑的，在互联网平台一直都不乏因为恰好抓住了时事热点，一夜之间涨粉几千、几万甚至好几十万的案例。

说起来简单，但是要真正落实这一步却并非易事。因为几乎所有的热点都是稍纵即逝的，当人们对这一事件的讨论劲头过去了，热点也就不复存在了，而且当一个点成为热点时，对其"虎视眈眈"的人绝非少数，每个人都想通过追逐热点，让作品快速加热，从而帮助自己涨粉。

在这样的前提之下，小红书账号的运营者要想将"蹭"热点的效用发挥到最大，必须要具有一定的"热点敏感度"，也就是要知道如何找热点并将热点合理地加以运用。

❶ 热点来源

说到如何找热点，其实很多运营者尚处于一种盲目跟风的状态，只是凭着自己的感觉在操作，比如通过各种新闻渠道查找热点，抑或是听到周围的人多在谈论什么话题，就将其当作热点。

实际上，这些大多是运营者的臆测而已，并没有确切的依据，要想找到当下真正的流行热点，可以通过以下两种方式。

（1）小红书热门搜索

众所周知，小红书的曝光主要基于关注、搜索和推荐这三种逻辑，而搜索是其中的重点。所以，小红书账号的运营者可以通过当前平台用户的搜索偏好来查找热点，如图 5-10 所示。

图 5-10　小红书热门搜索界面截图

这些话题是实时更新的，小红书账号的运营者可以将其中和自己所处的领域有关的话题作为热点，然后围绕着这个热点发布作品。

另外，这其中的"火焰话题"是需要关注的重中之重。如果恰好"火焰话题"和自己想要创作的内容有所关联，就可以优先考虑以此关键词作为自己创作内容的中心。

（2）后台专业号中心

除了前端渠道，小红书平台还为运营者准备了后台渠道。相较于前端，后台的显示更加直接，也更加全面，而且可以在此处通过快捷渠道直接发布笔记，对于运营者而言是比较方便的。

具体操作步骤如下。

第一步：打开小红书 App 后，选择"我"界面，点击左上角的"≡"符号，进入"专业号中心"。

第二步：在"专业号中心"找到"创作服务"栏，点击进入"笔记灵感"，即可看到平台罗列好的"热门话题""本周热点"以及"经典话题"。

图 5-11 为操作步骤示意图。

图 5-11　后台"笔记灵感"的操作路线

每一个细分类目下都有不同的内容，小红书账号的运营者可以根据自己当下的需要进行选择。除此之外，小红书账号的运营者还可以通过点击右上角的两个符号来详细了解"笔记灵感"的具体含义，还可以设置接收"笔记灵感"每周推荐。

（3）主流社交平台的热门话题

互联网平台本就是一个整体，所有的信息都是互通互联的，而且很多互联网平台的用户都是同一拨人，他们所关注的热点话题自然十分类似。这也就是说，诸如微博、知乎、哔哩哔哩、抖音之类的互联网平台上的热门搜索也有可能成为小红书上的热门话题。

所以，小红书账号的运营者在运营的过程中千万不能闭门造车，只关注小红书平台的消息，而是应该多平台共同关注，对当前社会上的热门话题保持绝对的敏感度，在接收到相关信息之后，以最快的速度在小红书平台上发布相关笔记，以免错过了最佳时间。

❷ "蹭"热点的方法

前文提到要想把热点"蹭"好并非是一件易事，如果使用不当，极有可能热点是"蹭"到了，但也败坏了该账号原本在用户心中的良好形象。

那么，具体应该怎么做呢？

首先，运营者在接触到一个热点时应该以客观的视角分辨热点的真实属性，要分清该热点所带来的是正面影响还是负面影响，如果负面影响过多则要谨慎使用。比如前段时间某大企业出现一系列丑闻时，有相关的法律博主就以此次事件为背景，发布了一条以"女性自我保护"为主题的小红书笔记，很快就成了爆款笔记。

这就是正确利用热点的典型案例。如果根据网上的传言去切实分析这个案例的发生经过，必然会涉及一些负面信息，要是把握不好其中的尺度，难免会使自己的账号受到影响。

其次，在选择热点和切入热点的角度时要考虑到目标用户的态度，如果大众对某一热点事件的态度风向都是一致的，这时候就不要为了"蹭"热点"反其道而行之"了。要知道现如今是一个人人都有权利发声的时代，如果为了所谓的热度选择站在大多数人的对立面，那么很难保证自己最终能够不受到任何影响。

因此，在一些大众态度比较鲜明的热点事件面前，小红书账号的运营者要做的就是顺应大众的态度，而不是为了"蹭"热点而成为众矢之的。

最后，也是最关键的一点，就是运营者在"蹭"热点时要借助热点传达观点。运营者要明白，不是为了"蹭"热点而"蹭"热点，而是应该借助热点向用户传递什么观点，如果只是一味地追随热点，那和顺流而下的鱼儿有什么区别？

换言之，运营者要学会切换角度，以不同的视角来看待热点，并结合自己所处的领域对热点进行深度剖析，然后向用户传达有价值的信息。

5.3.4　利用争议，提高粉丝参与度

互动、吸粉是很多运营者在运营小红书账号时都会遇到的实际难题，因为这两项在很大程度上决定了账号运营的效果，可是想要把这两项工作做好却并不容易。

怎么做才能不那么刻意地和用户进行互动，并将其转化为自己的粉丝呢？

学会利用争议是一个非常不错的办法。举一个简单的例子，一篇标题为《被养的宠物抓了怎么办？》的笔记和一篇标题为《被养的宠物抓，该不该去医院呢？》的笔记，哪一篇笔记更让人有点击观看的欲望呢？

大多数人的选择恐怕都是后者了，原因何在？大部分人看到第一条笔记后都可以很快得出自己的答案，但是第二条笔记具体想要表达什么内容，只有点击查看详情才能明白。

这就是具有争议的话题对于吸引粉丝的重要作用。具体应该怎么利用争议提高用户的参与度，吸引到更多的粉丝呢？

总的说来，有两种方式：一种为制造争议，另一种为参与争议。

❶ 制造争议

所谓的争议，其实并不是自然存在的，而是人为制造出来的，对于同一事件，不同的人有着不同的看法，因此就有了争议。

举一个典型的例子，当年以"世界那么大，我想去看看"为由辞职的人民教师就是一位制造争议的高手，当然她可能是无意为之，不过小红书账号的运营者想要运营好小红书账号就应该学会这种制造争议话题的能力。

比如某育儿博主 2020 年发布了一篇以《孩子刚出生该不该捆蜡烛包？》为标题的笔记，笔记发布之后，很快就引起了用户的激烈讨论。很多用户纷纷在评论区留下自己的看法，有的用户对此表示同意，而有的用户则强烈反对这种做法。

这种制造争议的方法能够非常自然地让用户在评论区进行讨论，而且不用加以任何引导，除了需要注意评论的导向外，完全可以让用户自由发挥。这种自然且足够真实的反馈对于账号来说是有诸多益处的。

❷ 参与争议

参与争议，顾名思义就是让自己成为争议的某一方，用现在流行的话来说就是要"站队"，当一个具有争议性的话题产生之后，要瞄准时机迅速参与，结合自己以往的创作风格和人设形象，围绕争议中的某一个方面表明态度、传达观点。

比如小红书博主"一乔桑哇"，她是一位典型的不消费主义者，在前两年消费主义和不消费主义这两个对立概念盛行之时，她选择站在了不消费主义这一边，并以亲身实践的方式参与其中。对此，有用户对其所倡导的不消费主义表示赞同，也有用户对这一观点持反对意见。持有不同观点的用户在评论区进行讨论，无形之中就提升了笔记的整体效果。

从某种意义上来说，"争议"就是流量，小红书账号的运营者在运营的过程中要学会利用争议来引发用户的讨论，带动笔记的互动数据，从而帮助笔记、账号获得更多的流量。

但是争议虽好，也要会用才行。运营者须记住，无论是制造争议还是参与争议，都不要在评论区中和用户"对骂"，一则对自己的形象是一种损伤，二则可能会被别人举报，从而引发平台的一系列处罚措施。

5.3.5 二次发布数据较差作品的方法

不少运营者在运营小红书账号的过程中被告知：小红书笔记发布第二遍会火。于是有人抱着将信将疑的态度到小红书平台上求证，发现确实有不少笔记在第二次发布后比第一次发布的热度要高很多，如图 5-12 所示。

图 5-12　小红书平台上二次发布后效果较好的笔记

这究竟是为什么呢？明明是同样的笔记，为何第二次发布就会比第一次发布的效果要好呢？

其实要想弄清楚这个问题并不难，但凡有过一定经验的运营者都知道，一篇小红书笔记上传后，平台首先会对其内容进行审核，如果审核通过，平台就会根据笔记的具体内容以及账号的具体属性，随机将该篇笔记推送给一部分用户。

如果这一批用户对该篇笔记都不是很感兴趣，那么就意味着这一篇笔记无法顺利地进入更高一级的流量池，基本上也就很难获得较好的效果了。

另外，如果这篇笔记发布时，有同领域的其他博主发布了和该篇笔记内容相似的笔记，在内容质量没有别人的好的情况下，竞争加剧，又没有明显的竞争优势，流量很容易就被别人抢走了，这篇笔记最终的效果自然不会太好。

但是如果同样的笔记在第二次发布时恰好能够规避这两个潜在的风险，其效果比第一次发布时要好是肯定的，运气再好一点的话成为一篇爆款笔记也不是没有可能的。

看到这里可能已经有很多运营者跃跃欲试了，但运营者要明白，并不是所有的笔记都适合发第二遍，而且也没有人能够保证笔记第二次发布就一定会有好的效果。

想要通过二次发布挽救笔记的效果，有一个重要的前提，就是笔记的内容质量要足够优质。如果是一篇内容比较普通，不具有吸引力的笔记，发布再多遍都无济于事。

除了这一大前提之外，适合第二次发布的小红书笔记还应满足以下两个条件：一是得是三天之内发布的笔记。如果是很久之前发布的笔记，一直都没有什么效果，无论间隔多久再次发布，效果都不会有什么较大的突破，除非笔记的内容涵盖到了当下的热点。二是笔记的内容要有较强的时效性。比如某旅游博主在国庆节之前发布的有关国庆旅游攻略的笔记，第一次发布后效果不佳，可以赶紧发布第二次，如果等到节后再发布，对这一类笔记有需求的用户少了，笔记的效果还怎么提升呢？

如果运营者确定笔记同时满足以上条件，就可以着手进行第二次发布。如果运营者对笔记的内容有充足的信心，可以直接原封不动地再次发布。当然对笔记的部分内容调整优化后再发布也是可以的。

另外，肯定有很多运营者担心同样的笔记内容发布第二次会被小红书官方判定为违反平台规则。虽然不排除这种可能，但运营者却不必过于担心，在笔记本身效果不佳的情况下，将其隐藏或是直接删除都是可以的，对账号本身的影响不大，笔记效果不佳对账号的影响反而更大一些。

没有人能够保证一次发布后数据反馈不佳的笔记再次发布就能得到比较好的效果，而且如果反复这样操作很有可能会被平台判定为违规。所以，小红书账号的运营者应该理智看待这一行为，结合自己运营的实际情况来判断是否进行第二次发布，以免影响账号在平台算法机制中的印象。

 ### 5.3.6　有效直播，与粉丝培养良好的感情

随着互联网技术的进步和社会的发展，直播成了一大趋势，各大互联网平台都积极布局直播业务。

小红书直播从 2019 年 12 月开始内测，直到 2020 年 4 月才正式上线，入局可以说是非常晚了。在其他平台的直播业务已经趋于成熟的情况下，小红书基于平台的属性将直播分成了两种形式——互动直播和电商直播。

小红书官方发言人曾表示，小红书直播的应用和普及是为了促进"消费体验在线化"，和其他平台的直播相比较，小红书直播的互动性和即时性更强。

事实也确是如此。官方数据显示，小红书直播业务开通一年多以来，90% 的直播都是互动分享式直播，小红书博主直播不为带货，只为通过直播拉近和粉丝之间的关系，与粉丝培养良好的感情。

其实不管是互动直播还是电商直播，在直播的过程中学会和粉丝互动都是极其重要的，良好的直播互动能够稳固运营者和粉丝之

间的关系，从而帮助运营者在日后更好地实现商业变现。

那么，如何做才能更好地在直播间和粉丝进行互动呢？小红书博主可以参考以下几种方式。

❶ 开场互动

无论哪种形式的直播，在直播开场陆续有观众进入直播间时，博主都要对其表示欢迎，因为开场时进入直播间的第一批观众其实是非常重要的，只有留住这第一批观众，之后才可能有更多的观众进来。

换言之，小红书博主在直播时要尽可能地对每一个进入直播间的观众表示欢迎，如果条件和时间允许，可以说出观众的昵称，让他们在进入直播间之后产生一种比较熟识的感觉，这样也有利于他们对博主产生好感。

除了称呼昵称外，还可以使用一些比较亲密但又不会越界的称呼，比如小红书当前比较流行的"姐妹""宝宝"等。

小红书直播的数据反馈是实时的，平台会根据具体时段的直播效果对直播进行排序，效果好的自然排在前列了，所以小红书博主从直播开场就要做好和粉丝的互动工作，有效提高直播间的互动率。

❷ 发红包

很多直播间会采用"红包雨"的形式提高粉丝的参与度，而事实也一再证明，这种效果对于提升直播间的互动率是非常有帮助的。

发红包的功能按钮在直播间的右下角，如图 5-13 所示。

图 5-13　直播间发红包的位置示意图

　　每个红包发出后三分钟可以开抢，直播间的每一位粉丝都可以参与。另外，为了提升直播间的用户留存率，小红书博主在直播时可以进行红包预告，通常情况下有两种方式。

　　第一种，设定一个固定的时间，到这个时间点发红包，提醒用户不要离开直播间，以免错过红包。

　　第二种，设定一个成就，比如直播间观众达到多少数量或者点赞突破多少万，就可以将红包作为直播间的福利进行发放。

　　相较而言第二种方式的互动性更强，但是粉丝对于红包的期待值也会更高，如果是价值比较小的红包很有可能会让粉丝感到不满足。所以，小红书博主要学会拿捏尺度。

　　另外，需要特别说明的一点是，小红书直播间里发放红包和抢红包用到的都是"薯币"。如果有发红包的需求，需要用户提前在后台充值，同样，抢到的红包也要在后台提现后才能使用。

充值和提现的位置都在后台"钱包"处，如图 5-14 所示。

图 5-14　充值和提现的具体位置示意图

与发红包类似的还有抽奖活动。小红书博主在直播的过程中还可以设置一系列的福利抽奖活动，在炒热直播间气氛的同时提高粉丝黏性，实现互利共赢。

❸ 直播连线

直播连线是指在直播的过程中和另一个直播间连麦互动，这样做可以增加双方直播间的曝光量，而且能够让双方的粉丝实现互通互流，如果对方是人气比较高的博主，还能得到系统的加权推荐，带动自己走向更高一级的流量池。

具体怎么做呢？小红书博主可以点击右下角的连线按钮，然后选择一位主播并向其发送连线邀请，待对方接受邀请后，两个直播间就可以同屏进行实时互动交流了。

需要注意的是，如果两位博主的粉丝量差距较大，需要在连线前互相关注，否则对方是无法出现在自己的连线邀请名单中的。

❹ 设置"小助手"和"超级小助手"

除了上述方法外，小红书博主还可以通过设置直播间"小助手"和"超级小助手"来协助自己进行直播。

"小助手"可以设置五位，其作用在于帮助博主带动直播间的氛围，维护直播间的秩序，当博主来不及回答观众提出的问题时，"小助手"可以帮忙回答。另外对于直播间的评论区出现的一些不友好、不恰当的言论，"小助手"也有权力直接进行处理。

"超级小助手"最多可以设置两位，他们除了拥有"小助手"的所有权限外，也可以设置"小助手"，还可以发起抽奖、设置直播公告等。

"小助手"和"超级小助手"可以是自己工作中的助理，也可以是自己的粉丝，被设立之后昵称前会显示"小助手"和"超级小助手"的标识。

设置"小助手"和"超级小助手"的方法如下：待其进入直播间后，点击其头像或昵称，然后点击用户卡片右上角的"用户管理"，选择"设为小助手"即可。需要注意的是，无论是"小助手"还是"超级小助手"，都必须和博主的账号是互相关注的状态，没有关注或者单向关注是无法设置的。

以上就是在直播间和粉丝进行有效互动的具体方法和技巧，这些技巧的使用都必须遵循"真诚分享、友好互动"的准则，真诚、

友好地和粉丝进行互动，不可以在直播时有不文明的言论，也不能
消极直播或是利用直播进行广告宣传。

 ## 5.3.7 矩阵引流，全方位吸引粉丝

大部分运营者在运营小红书账号的过程中都或多或少地听过
"矩阵账号"这一概念，在初次接触这一概念时，很多人是比较迷
茫的，但又深刻地知道账号运营到一定阶段，矩阵运营是一件不得
不做的事情。

到底什么是矩阵账号呢？运营者可以将其理解为通过在小红
书平台上创建不同的账号，并且让这些账号之间建立联系，从而帮
助自己实现全方位的推广和引流，不断扩大账号的影响力，为之后
获得更好的运营效果做准备。

具体而言，其好处共有三点，如表 5-7 所示。

表 5-7   打造矩阵账号的好处

序号	好　　处	具　体　含　义
1	加大笔记成为爆款的概率	爆款笔记的意义不言而喻，多几个账号发布笔记，可以大大增加这种概率
2	降低账号风险	和"鸡蛋不要放在同一个篮子里"的观点类似，多几个账号可以让运营者做多手准备，并且能够有效地帮助账号规避一些不可预知的风险
3	提高转化，增加收益	单个账号的转化是有限的，如果拥有多个账号就可以将转化的效果无限扩大，让收益实现成倍式增长

需要注意的是，小红书矩阵账号并不能简单理解为只是复制、粘
贴多个相同的账号，这样的矩阵是没有任何意义的，而且这样做的话

还会被平台判定为抄袭，对于账号本身的发展来说是极为不利的。

真正的矩阵账号引流应该是通过多个小红书账号建立相应的链式传播，并以各种形式的互动实现各账号之间的相互引流，全方位地吸引粉丝，并进一步提高粉丝黏性。

既然矩阵账号运营对于账号来说有如此多的好处，运营者要如何打造小红书矩阵账号呢？就小红书目前的发展状况来说，常见的矩阵账号有以下几种。

❶ 个人矩阵账号

个人矩阵账号很好理解，指的就是个人在开设一个主账号后，再开设一个小号。每个账号分别发布不一样的内容，主账号用来发布和工作有关的内容，如商务合作、品牌推广等；小号则更多地发布一些有关生活日常的内容，主要用于和粉丝进行互动。

小红书账号"深夜徐老师"和其小号"水晶徐"就是一个非常典型的例子。在"深夜徐老师"这一个人品牌火爆之后，博主又在小红书上开通了自己的小号，两个账号分别用来展现自己生活中的不同面，在丰富自己的人设的同时让两个账号互相引流，全方位地吸引粉丝。

图 5-15 为这两个账号的主页截图。

小红书账号的运营者也可以借鉴这种方式来为自己打造矩阵账号。不过，笔者不建议在刚开始运营时就采用这种方式，因为如果同一个人重复出现在不同的账号中，一来会让用户感到茫然，不知道哪个账号才是真正的账号；二来不利于个人品牌的打造，而且两个账号的权重也会相互影响、相互制约，容易被小红书平台定义为营销账号。

图 5-15 "深夜徐老师"和"水晶徐"账号主页截图

❷ 家庭矩阵账号

所谓家庭矩阵账号，指的就是一个家庭中的各个成员注册不同的账号，这种账号是一种天然的矩阵账号形式，生活在同一个家庭中的各个成员以不同的视角发布不同的笔记，从而吸引到更多的粉丝。

比如小红书账号"HR 小弘哥"和"暮色里"，他们是一对夫妻，丈夫是一位人力资源行业的从业者，毕业于中国人民大学，现在某央企总部工作；妻子同样毕业于中国人民大学，目前从事新闻传播和金融相关的工作。

他们经常在对方的笔记中出现，相互为对方的账号引流，很多粉丝都表示自己是先关注的某一个账号，通过其账号关注另一个账号。

图 5-16 为小红书账号"HR 小弘哥"某篇视频笔记截图。

图 5-16　账号"HR 小弘哥"某篇视频笔记截图

这种类型的矩阵可以很好地吸引用户进行互动，而且家庭成员之间的粉丝是可以融合的，尽管会出现一部分粉丝重合的情况，但是这种形式下账号的发展潜力仍然是巨大的，后续想要实现商业变现也较为简单。

运营者也可以参考这种思路来运营小红书账号，不过需要注意的是，以这种形式来吸引粉丝要注意内容的协调性，以免让用户产生错愕之感。

❸ 团队矩阵账号

所谓团队矩阵账，指的就是以同一个团队的名义开设不同的账号，这些账号分别输出不同的内容，从细分的角度来满足不同用户的需求。

比如数字医疗健康科技企业丁香园就在小红书上开通了"丁香医生"和"丁香妈妈"两个账号。

"丁香医生"输出的内容涵盖的范围较广，涉及人们生活的方方面面，为用户科普更多的健康小知识；而"丁香妈妈"则专注于母婴领域，输出的是和怀孕、生产、产后修复有关的内容。

图 5-17 为账号"丁香医生"和"丁香妈妈"的主页截图。

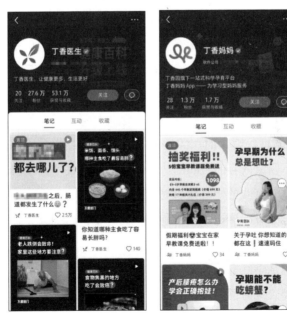

图 5-17 账号"丁香医生"和"丁香妈妈"的主页截图

丁香园本来走的就是"医疗行业媒体+社区"路线，这样做可以将其聚焦的赛道分得更加细致，从而满足不同用户的需求。每一个账号都可以作为一个独立的垂直栏目而存在，当这样独立的栏目足够多，再进行整合，将是一股强大的力量，能够有力地推动团队向前发展。

如果是以团队作为主体的运营者就可以参考这种模式，细分团队的不同业务线，让颗粒度更小，从而吸引更多更加精准的粉丝。

❹ MCN矩阵账号

大部分运营者都知道所谓的"MCN"其实就是网红孵化机构，很多小红书博主的背后都是 MCN 机构。MCN 机构通常是将一个账号做起来之后引入另一个账号，以此类推，带动更多账号的发展。

比如小红书账号"乔七月"和"浩杰来了"就是同属于一家MCN 公司的两个账号。这两个账号通过拍摄各种和情侣有关的视频吸引了很多粉丝的关注，有很多用户一开始以为他们是一对真实的情侣，其实只是 MCN 公司为其量身打造的荧幕形象。

类似的账号在小红书平台上还有非常多，比如"吴夏帆"和"徐家珞 Chialo"以及"吴一斤斤"等，这些账号所发布的内容都是由MCN 公司编写、设计的，并且不同账号的内容都有一定的穿插，通过笔记标题或内容的"@"功能，帮助其他账号进行引流。

但是这种形式的矩阵账号对于个人的要求比较高，要有足够的能力让用户信服，这样才能得到用户的喜爱，否则只会被当作劣质的笔记忽视掉。

以上就是小红书矩阵账号引流的几种类型，小红书账号的运营者可以结合自身的情况进行选择。需要注意的是，无论哪种形式的矩阵账号都要保持整体的一致性，并且所有的账号最好保持同样的更新频率，这样可以将矩阵账号的效果发挥到最大。

第 6 章

变现：靠小红书实现"财富自由"

有人曾这样评价小红书："和银行卡上的一万块余额相比，一个拥有一万名粉丝的小红书账号要值钱得多。"当一个账号通过运营积攒了足够多的流量和粉丝时，下一步就应该踏上商业化变现的道路。

6.1 广告变现：最直接的变现方式

众所周知，小红书的主要用户群体为生活在一、二线城市的都市白领和职场精英女性，这一部分人群的消费属性强，消费能力也比较强，这就为小红书账号的运营者实现商业变现提供了强大的背景支持。

而小红书账号的变现能力之强也得到了很多博主的证实。比如小红书博主"小禾子"此前发布的一篇视频笔记中就提到，她通过运营小红书账号，一个月的时间仅品牌合作收益就超过了 29 万元，如图 6-1 所示。

图 6-1 小红书博主"小禾子"发布的某篇视频笔记截图

通过翻看其主页可以看到，这位博主目前在平台上拥有近 40 万名粉丝，在粉丝 40 万名的情况下，一个月仅品牌合作收益就将近 30 万元。

由此可以知道，小红书账号的变现能力之强绝不是说说而已。无数的案例都表明，小红书是一个非常值得普通人布局的社交平台，只要运营得好，靠着小红书平台实现财富自由绝不是什么难事。

那么，小红书上有哪些变现方式呢？首先要介绍的自然就是广告变现了。作为小红书平台上最简单、最直接的一种变现方式，广告变现具有易上手、好操作的特点，当前小红书平台上大部分 KOL/KOC 实现变现都采用这种方式。

广告变现，通俗一点理解其实就是运营者通过和品牌商合作的形式实现变现，运营者帮助品牌商推荐商品，品牌商给予运营者一定的合作费用。

在这个过程中，对于运营者来说，找到合适的品牌商是关键。那么，如何才能找到和品牌商合作的渠道呢？具体说来有官方和非官方两种渠道。

6.1.1　官方渠道的广告变现

官方渠道又可细分为以下两种途径。

❶ 好物体验

在很多运营者的概念里，和品牌商合作一般是当自己的账号运营到一定阶段后，拥有了一定数量的粉丝和个人影响力，品牌商主动找上门的。

　　这种认知没有错，但是对于运营者的要求比较高，需要账号有一定的实际效果后才有可能被品牌商注意到，不太适合新手运营者。

　　而平台为了刺激新手运营者的积极性，也为了提升平台的活跃性，在后台设置了"好物体验"功能，为运营者和品牌商牵线搭桥。

　　想要利用这种方式实现变现，运营者需要在后台通过"好物体验站"提交试用申请，待审核通过后发布一期与之相关的推广视频即可。

　　图 6-2 为"好物体验"的申请方法。

图 6-2　小红书后台申请"好物体验"的步骤示意图

　　第一步：打开小红书 App 后，进入"我"界面，点击界面左上角的"≡"符号。

第二步：在弹出的侧边栏中点击"好物体验"即可进入相应的界面。

第三步：选择自己感兴趣且和自己所处领域相关的商品，填写试用申请即可。

"好物体验"中有非常多的品牌商品可以供运营者选择，而且没有设置门槛条件，哪怕是没有粉丝的新号也能申请。不过由于是官方渠道，竞争也会比较激烈，所以更加适合新手运营者。

另外，需要格外注意的一点是，参加"好物体验"并不能实实在在地为运营者带来收益，它的功能就是为运营者提供免费体验商品的机会，为运营者省去了购买某商品的费用，可以称之为"薅羊毛"式的变现。

❷ 蒲公英平台

蒲公英平台是经小红书官方认证过的品牌合作渠道，上面有非常多的优质的品牌合作资源。和"好物体验"有所不同，使用蒲公英平台进行合作是由小红书账号的运营者先在平台上根据自己账号的实际情况填写合作报价，品牌商看到后对其进行评估，如果认为条件合适就会向运营者发出合作申请。

不过进驻蒲公英平台是有条件的，需要粉丝达到5000名才有资格进驻，而且对于报价是有讲究的，报价过高会被品牌商忽略，报价过低自己又会深感纠结。

关于报价，运营者可以参考业内常用的报价公式：报价＝粉丝数×5%。比如一位有10万名粉丝的博主就可以将其报价设定为5000元，或者围绕这一数值上下浮动。不过这只是一种参考，具体报多少，需要运营者结合自身的情况进行权衡。

另外，小红书账号的运营者也可以通过招募大厅主动参与合作项目申请。同样的，品牌商也会对所有报名参加项目申请的运营者进行评估，比较之后选择合适的运营者进行合作。

6.1.2　非官方渠道的广告变现

对于粉丝数量还不到 5000 名又想要切实获取收益的博主来说，还有没有其他的渠道可以和品牌商合作呢？

作为一个变现能力非常强的"种草"平台，自然是有渠道来满足这类博主的需求的。就通常情况而言，有以下两种渠道。

❶ 品牌置换

品牌置换和"好物体验"比较类似，也是以免费体验商品的方式为主，不同的是，部分品牌商除了给到运营者免费的商品使用权外，还会给予一定的费用，具体以实际情况为准。

就通常情况而言，有以下五种合作形式，如表 6-1 所示。

表 6-1　品牌置换的合作形式

合 作 形 式	具体操作方法	收　　益
看图说话	品牌商会提供相关的素材，运营者根据素材自由编写笔记内容	以广告费为主，有的品牌商还会给予一定数额的佣金
无费置换	品牌商将商品寄送给运营者，运营者根据使用体验编写笔记内容	运营者将获得商品的免费使用权，无额外费用
有费置换	品牌商将商品寄送给运营者，运营者根据使用体验编写笔记内容	除了商品的免费使用权外，品牌商还会给予一定数额的合作费用

续表

合 作 形 式	具体操作方法	收　　　益
寄拍商品	品牌商将商品寄送给运营者，运营者拍摄商品图片并编写笔记，之后将商品寄回给品牌商	广告费、佣金等
探店参展	实体商家联系小红书博主，运营者以探店参展的形式发布笔记，为商品做宣传	具体费用由双方进行协商

具体选择哪一种合作方式，运营者可以根据自己的实际情况和品牌商给出的价钱来决定。那么如何才能找到资源置换平台呢？常见的平台有螃蟹通告、红通告、试盒、颜述、咸豆通告、群量通告、博主直通车等，小红书账号的运营者可以到微信小程序中找到这些平台。

下面笔者以螃蟹通告为例为各位运营者演示一下具体的操作方法。

第一步：在微信通过小程序功能搜索到"螃蟹通告"，然后按照其操作指引授权登录，运营者首先需要创建名片，选择小红书作为自己的名片平台，然后复制自己小红书账号的链接到指定位置，再输入微信号即可。

第二步：名片创建成功之后就可以看到主页上的具体活动项目了，选择感兴趣的项目点击进入，可以看到品牌商对博主的要求，符合要求的博主可以在右下方点击报名参加，添加地址和意向的合作报价之后点击发送即可。

图 6-3 为"螃蟹通告"的界面示意图。

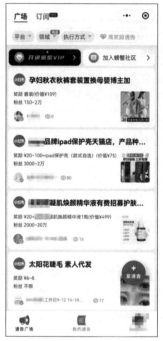

图 6-3　"螃蟹通告"的界面示意图

　　其他资源置换平台的操作方法大致与此相同，运营者可以根据自己的喜好进行选择，也可以同时报名多个平台，增加自己被品牌商选中的概率。

❷ 自主接单

　　还有一种合作形式就是自主接单了，也就是在开头提到的很多人以为的那种合作方式。当运营者打造出爆款笔记之后被品牌商注意到，品牌商就会通过私信或者博主在个人简介处留下的邮箱和博主取得联系。

　　当然了，这种形式对于运营者有一定的要求，即便不要求粉丝数量，也要求运营者至少打造过两篇及以上的爆款笔记。

所以希望品牌商主动找上门的运营者在平时就要做好账号的运营工作，遵照前文打造爆款笔记的方法，认真创建笔记内容，争取打造出多篇爆款笔记，届时自然会有品牌商主动找上门。

除了这种等待品牌商主动抛出"橄榄枝"的方式以外，运营者还可以在私下添加各种社群，通过社群来寻找相关的资源，这一点取决于每个人的交友圈。这也告诉小红书账号的运营者，在平时要尽可能多地和同行打交道，虽然同行之间存在一定的竞争关系，但同行或许能够得知一些自己无法知晓的信息。

而且就当前的竞争环境而言，品牌商也不会只选定一位小红书博主进行合作，而是会"广撒网"，选择多位博主来合作。所以，运营者要放宽心胸，抱着"有钱大家一起挣"的心态和同行相处，学会从同行那里获取有用信息，如果自己有合适的信息渠道也可以告知其他博主，共同促进行业的繁荣发展。

综上就是通过和品牌商合作的方式来实现变现的具体内容，无论是粉丝数量多或少的运营者都可以找到相应的合作方式，运营者可以根据自身的运营情况进行选择。

确定合作方式之后，运营者还需要注意以下几点。

6.1.3　广告变现的注意事项

无论是官方渠道还是非官方渠道，在正式确定合作之前，品牌商都会提前和博主进行联系，确定合作的具体事宜。

在这个过程中，小红书账号的运营者也要结合自身的情况对品牌商进行考察，选择和自身账号调性最为契合的品牌商进行合作，不能为了获取广告收益就不考虑其他事情。

具体说来，运营者需要注意哪些方面呢？

❶ 考虑自己的选品标准

无论是品牌商主动邀约，还是运营者主动出击，运营者首先要思考的一件事便是涉及的商品和自己的账号定位是否相符。

典型的就是，一位美妆博主肯定就不能和母婴类的品牌商进行合作，一方面这和账号定位不符，粉丝看到之后会感到很奇怪；另一方面美妆博主所吸引的粉丝大都是对美妆比较感兴趣的年轻女性，对于母婴类商品几乎没有需求，如果强行这样操作的话，最后的转化想来也不会太好，甚至没有转化都是有可能的。

这样的合作，无论是对于品牌商还是博主本人都是非常不利的，所以博主在选择商品时要格外注意，即使对方给出的条件极为优厚，博主也要思考清楚这其中的得失。

除了要选择符合自己账号调性的商品，还有一点是需要运营者注意的，那便是要考虑到商品之间的差异，简单来说，就是要避免商品之间产生某种冲突导致前后笔记出现不一致。比如一位护肤品类的博主曾经为了推广一款皂基洗面奶，在笔记中吐槽氨基酸洗面奶的清洁力不够，在这之后该博主又接到了一款氨基酸洗面奶的推广工作，于是该博主又反过来说皂基洗面奶对皮肤的刺激性太强，不如氨基酸洗面奶温和。

有粉丝看过之后在评论区指出了这一点，表达了自己的质疑，有的粉丝更是直接指责该博主为了赚钱根本不为粉丝着想。

品牌合作本就是一个双向选择的过程，所以博主在选择合作品牌和商品的时候要事先对其进行一定的了解，尽量选择和账号本身的定位相符合并且质量有保证的商品，不要为了赚钱损害自己好不容易在粉丝心中树立起的良好形象。

❷ 探讨确定合作形式

在完成选品事宜之后，运营者还需要着重与品牌商探讨合作的形式。比如是图文笔记还是视频笔记，商品以什么形式出现，怎么更好地和之前的内容相结合等。

这样做有一个好处，就是避免出现运营者精心创作好笔记内容之后被品牌商驳回的情况。虽然当前很多品牌商更多看中的是博主的粉丝数量和个人影响力，几乎不会干涉商品以什么样的形式出现，但是运营者还是应该要提前和品牌商将这个问题落实清楚，以免笔记发布之后效果不尽如人意，和品牌商发生冲突。

博主和品牌商合作，看起来好像非常简单，品牌商看中博主的名气和影响力，博主看中品牌商给出的报酬，但是也不乏有很多博主和品牌商合作失败的例子，导致双方的名誉都受到了很大的损失，所以博主和品牌商合作时，要谨慎小心一些，不要忽视任何细节。

6.2　电商变现：最主流的变现方式

众所周知，小红书除了是一款内容社区平台之外，还是一个电商平台，拥有自己的商城。用户在小红书笔记中被"种草"之后，可以直接到小红书商城或其他电商平台购买相应的商品，业内人士称这种形式为"内容电商"。

而为了进一步打造交易闭环，小红书于 2020 年 4 月开通了直播功能，宣布正式进入直播电商领域。

由此可知，小红书账号的运营者可以通过内容和直播这两种形式实现变现。所谓内容电商，指的就是运营者通过发布"种草"笔记，带动某款商品的销量；而直播电商就更好理解了，就是指利用直播带货的形式来销售商品，这是当前比较火爆的一种变现方式。

从本质上来说，直播电商是隶属于内容电商的，只不过在呈现形式以及变现方式上有一定的区别，下面笔者将对这两种方式进行详细说明。

6.2.1　内容电商

内容电商具体是指在互联网时代，商家通过传播优质的内容，进而引发用户的购买欲，并引导他们完成购买的一种产品销售形式，其采取的手段通常为图文、视频等。小红书作为一个典型的内容电商平台，自然有非常多的变现机会供运营者挖掘。

比如小红书博主"认真干饭的小橙子！"于 2021 年 8 月 17日发布了一条笔记，如图 6-4 所示。

这篇笔记就是内容电商最为典型的一种呈现形式，这是一条关于裤子推荐的笔记，博主通过精心准备的优质图片，吸引用户点击，然后在正文或评论区告知用户这条裤子的购买渠道，从而带动这条裤子的销量。

翻看这位博主的主页，可以看到她所发布的笔记几乎都是这样的"套路"，通过优质的内容吸引用户点击，当用户对其中的商品感兴趣时就可以顺势告知他们购买渠道，而博主本人就可以从商家那里抽取一定数额的佣金。

图6-4 博主"认真干饭的小橙子！"发布的一篇笔记及其评论区截图

目前平台上有不少运营者通过这样的方式来变现，但是随着"号店一体"机制的推进实施，博主在小红书平台上开店已经实现了零门槛，平台不仅降低了粉丝数量的要求，连原先的佣金也给予了一定的优惠，很多有渠道的个人店主纷纷开通了自己的"薯店"。

表6-2为"号店一体"机制下小红书博主开通"薯店"的具体优惠政策。

表 6-2 "号店一体"机制下开通店铺的优惠政策

项目	开店门槛	粉丝基础	佣金（技术服务费）	结算周期	保证金
调整前的开店模式	需要认证企业号	1000 名粉丝	公域收取 5%，直播收取 3%	30 天	20000 元

续表

项目	开店门槛	粉丝基础	佣金 （技术服务费）	结算周期	保证金
现行的"号店一体"机制	升级成专业号即可	0 粉丝	月销低于 10000 元，零佣金；月销超过 10000 元，收取 5% 佣金	7 天	个人：1000 元 企业：20000 元

比如小红书博主"Jeccy-vc"一直在平台上分享自己的穿搭心得，得到了很多用户的喜爱，也因此收获了一些粉丝。在小红书平台宣布实施"号店一体"机制后，她发布了一篇笔记告知粉丝自己开通了"薯店"，如图 6-5 所示。

图 6-5　博主"Jeccy-vc"发布的笔记截图

这种形式就是针对那些有自己的进货渠道的运营者而设定的，相比于和他人进行合作，这种变现方式更加直接，对于运营者来说，可控性也更强。

很多运营者看到"薯店"的发展机遇后也想进行布局，但是却因为不知道售卖什么商品而驻足不前。关于这一点，笔者想要强调的是，小红书账号的运营者千万不要固化自己的思维，"薯店"除了可以销售实物类的商品之外，还可以售卖知识类的产品，比如线上课程。

无论是个人身份还是企业身份，此次调整都是一次机会，平台之所以这么做就是为了鼓励、吸引更多的用户在小红书平台上开通店铺权限，帮助他们实现商业变现的同时盘活整个平台的商业体系。

那么，小红书"薯店"应该如何开通呢？具体操作步骤如下。

第一步：在小红书 App 页面找到"我"，点击左上角"≡"，进入侧边栏，由于之前已经完成了专业号升级，所以之前的"创作中心"变成了"专业号中心"，点击进入，在"内容变现"一栏里找到"店铺"并点击进入，点击最下方的"我要入驻"即可进入下一个环节。如果有任何疑问，可以点击页面右上角的"入驻咨询"进行询问，如图 6-6 所示。

第二步：进入"开店申请"界面后，选择自己想要开通的店铺类型，共有四种类型，分别是个人、个体工商户、普通企业店和专卖店/旗舰店，个人店铺要求最低，专卖店/旗舰店要求最高。

确定好店铺类型后即可进入下一个界面，即选择店铺主营类目。运营者可以根据自己运营的账号所处的领域以及想要售卖的商品方向进行选择。

图 6-6　专业号开通店铺步骤（第一步）

　　选择完毕之后就可以填写运营者的信息了，包括姓名、身份证号码、手机号以及验证码。填写完毕之后点击下方的"运营者"人脸识别就能进入下一步了，如图 6-7 所示。

图 6-7　专业号开通店铺步骤（第二步）

第三步：个人信息填写完毕之后，平台会让运营者选择客服类型，有平台代运营和自主客服两种方式，下方有具体的《小红书客服代运营服务标准》，运营者可以查看后根据自己的需要来选择。

确定好客服类型之后就可以填写邮箱了。这里的邮箱和前文提到的在个人简介处填写的邮箱信息有所不同，这里的邮箱是作为商家后台账号而存在的，填写时要更加谨慎一些。

提交邮箱账号之后，整个店铺的开通流程就完成了，此时会显示"申请已提交，请耐心等待审核"，待后台审核通过，店铺就正式开通了，如图 6-8 所示。

图 6-8　专业号开通店铺步骤（第三步）

店铺开通之后平台会提醒运营者提交保证金，待平台确认保证金提交无误，运营者就可以正式使用"薯店"了。

"薯店"开通之后，运营者就可以上传产品到"薯店"，这里需要注意的是，"薯店"并不是只能上架自有品牌的商品，平台是允许"薯店"售卖别的品牌的商品的，只不过需要获得该品牌的授权。如果是售卖自己的商品，则需要符合国家对于商品商家的标准要求，平台也会对相应的资质进行严格的审核。商品上传之后，运营者可以通过小红书笔记为"薯店"引流，帮助提升产品销量，加快变现。

另外，小红书平台为了更好地推行"号店一体"机制，也将"薯店"和"小红书商城"进行了链接，平台上所有可以曝光店铺的位置都能展示"薯店"中的商品。

以"内容＋电商"这种形式实现变现其实并不复杂，只不过无论是帮助别人销售商品，还是发展自己的电商产业，都需要运营者用心对待自己所创作的每一篇笔记，因为只有靠着优质的笔记内容才有可能吸引到更多的用户，最终的转化才能更好。

6.2.2　直播电商

与内容电商相比，直播电商的效果即时性更强，对于运营者来说，借助这种方式能更快实现变现。虽然小红书入局直播业务稍晚，较其他内容平台而言整体的发展过于缓慢，但其发展潜力是巨大的。

根据千瓜数据发布的《小红书直播数据分析报告》可以得知，自 2020 年 4 月小红书直播带货上线以来，其呈现出的最大特点便是客单价高。报告显示，2020 年 6 月至 9 月，小红书直播场均客单价 100 元以上的占比 59.81%，200 元以上的占比 32.31%，相较于其他平台的"价格战直播"来说，小红书平台的直播观看人数虽然不多，但是转化率却要高出其他平台几倍都不止。

目前小红书的直播业务仍然处于发展初期，平台会给予运营者一定的有利扶持，并且竞争压力相对也会小一些，如果运营者好好把握住当前的机会，变现其实并不难。

那么如何才能在平台上以直播的形式来带货呢？操作起来其实非常简单，只有三个步骤。

第一步：打开小红书，点击页面正下方的"+"号，选择下方最左侧的"直播"，进入界面。

第二步：添加直播封面和直播介绍。具体做法是在页面的上方点击"选封面"，选择合适且具有吸引力的直播封面。直播介绍在"选封面"的右侧，运营者可以根据实际情况填写直播介绍，突出直播主题，进一步提升点击率。

第三步：添加商品，在当前的页面点击"添加商品"即可添加商品到直播间的购物车。小红书平台上的商品非常多，而且佣金也都会标注在商品信息上，运营者在挑选商品时千万不要被佣金迷惑，要结合自己的账号定位和实际情况来选择，否则佣金再高的商品到了直播间没有办法进行转化也是行不通的。

在确认好这些事情之后，运营者可以点击界面中的"美化"，添加滤镜或者设置美颜效果，尽量让来到直播间的人的观感更加舒适。

除了上述介绍的开启直播带货的方法，小红书账号的运营者还必须清楚在小红书平台上进行直播带货需要遵守哪些规则和要求。

一是，小红书账号的运营者不能利用直播间进行站外引流。因为小红书的"种草"属性，很多个人运营者甚至品牌商都希望利用小红书来引流，他们会在直播中透露一些个人信息，比如微信、其他电商平台的购买链接、二维码，甚至手机号等。

这种行为是不被小红书平台允许的，尤其是在直播间，一旦被小红书官方的工作人员发现，直播会立马被强制暂停，而且之后的直播也会受到限制。

运营者也不要抱着不会被平台发现的侥幸心理，当前平台上的审核形式都是机器自动识别，能够做到实时审核，所以运营者只能在小红书允许的范围内行事。

二是，虽然当前开通直播的门槛非常低，只要进行过实名认证的账号都可以开通直播，但是小红书平台对于直播带货却有一定的限制。

目前平台是允许个人博主在直播间销售站外商品的，也可以链接到淘宝，但如果是品牌或者是已经注册了"薯店"的博主就只能选择销售平台内的商品了。

这是运营者需要注意的，如果个人博主一直以来都和站外平台进行合作，只是利用小红书作为传播媒介，就不要开通"薯店"。比如小红书博主"AriaAndBrandon"已经在平台上进行了多次直播，并且每次直播的效果都非常不错，但是一直都没有开通自己的"薯店"，原因就在这里。

另外，还有一点就是运营者在正式开启带货直播前一定要进行直播预告。通过预告告诉粉丝直播的具体时间以及直播中将会销售什么商品以及具体的折扣等。

比如小红书博主"Helloisxinnn"10月14日要在小红书平台开启直播，她在10月12日就对直播的具体内容进行了预告，很多用户在评论区表示热烈欢迎，如图6-9所示。

直播预告能够让粉丝更清楚地知道直播间将会带来哪些商品，能够更加精准地吸引到和直播内容相匹配的粉丝，促进转化。而且提前发布笔记，说不定还能够吸引更多的公域用户来到直播间观看直播。

图 6-9　小红书博主"Helloisxinnn"发布的直播预告笔记截图

6.3　知识付费：最持久的变现方式

知识付费，通俗理解，是指知识获取者为所阅览的知识付出资金的现象，其本质是信息差付费，运营者通过把知识变成产品或服务的形式实现商业变现。

每个人都有自己比较熟悉或是感兴趣的内容和领域，只要将这些内容加以打磨、整理，以课程或是其他方式呈现出来，如果用户认为这些内容对自己有价值，他们就会愿意为之付费。

那么，运营者利用知识付费变现应该关注的核心问题是什么？

最重要的一点，一切要从用户的角度出发，帮助用户解决问题。

这也是知识付费在竞争激烈的市场环境中能在各领域大展拳脚的深层次原因。

以买房为例，对于很多人而言，并不了解房地产市场，如何才能挑选到优质的房源，如何有效跟中介还价等都是知识盲区。同时中介一方出于成交的目的也不会完全将所有的信息客观、理性地告知消费者。而这时若能通过知识付费的方式帮助用户解决这一过程中的所有问题，在合理的价格范围内，用户也是十分乐意"买单"的。

运营者通过知识付费变现的前景十分广阔，因为知识没有边界，只要运营者能一直帮助用户解决问题，就能挖掘出源源不断的价值。

回归到小红书平台，虽然它进军知识付费领域相较于其他平台较晚，但众所周知小红书平台的用户群体主要是一些追求高品质生活的消费人群，除了日常生活用品，他们也关注自我提升，急需优质的内容服务。简而言之，小红书用户较强的购买力及对高品质服务的需求能有效助力运营者在该平台实现知识付费变现。

在小红书平台上常见的知识付费主要有课程教学和付费咨询两大类型。

6.3.1　课程教学

随着互联网技术的发展，人们的消费习惯也在发生改变，线上教学已成为一种普遍的教育模式，而线上课程教学也是知识付费的主要方式之一。

小红书上的课程教学类别丰富多彩。语言类、亲子教育类、考公类、职场技能类、投资理财类、企业管理类、美食烘焙类、时尚穿搭类等课程都有众多运营者进行运营售卖。

但同样是同类型的运营者，变现效果却有着天壤之别。除运营者本身的影响力之外，课程教学的本质是课程内容。小红书账号的运营者应该围绕用户属性，聚焦打造高品质的课程内容。

运营者该如何制作课程呢？一套好的课程通常包含以下几个步骤：分析、设计、开发、实施、评估。课程的开发者首先要明确开发的方向，以及确定需要解决哪方面的问题。

依然以买房为例，如果运营者想要制作与购房相关的知识付费课程，首先要清楚自己要帮助用户解决哪方面的问题，是帮用户解决房地产公司的选择问题？还是支付方案的选择问题？又或者是地理位置的选择等问题？

如果以上问题运营者认为通过一次课程都可以解决，那么实则存在开发方向不明确的问题。这也是常说的切忌大而全，如同打造个人品牌一样，运营者需要聚焦某一领域，并在这个领域内做到垂直细分。

课程制作亦是如此，运营者需要将这类问题收集起来，设计一套完整的课程体系，形成一个闭环。

因此，在开发过程中，运营者首先要做的是搜集问题，写下课程大纲。

❶ 搜集问题，写下课程大纲

运营者可以通过两种方式搜集问题。

第一，找竞品。确定大致的方向，关注同类运营者的课程能解决什么问题，包括市场反馈。

　　一个成熟的竞品课程一定是经过反复迭代的，经得起推敲、检验，所以运营者需要做到将竞品课程的目录记录下来。竞品中所包含的东西，也是制作过程中需要包含的内容。

　　第二，通过网络搜集。如利用百度指数、"5188"，这种能够展示大众需求图谱的软件，搜集大多数"小白"想要知道的内容，了解他们关注什么、在意什么。

　　这种方式所要达到的目的是，保证运营者能制作出受用户喜爱的课程。俗话说："知己知彼，方能百战百胜。"实时洞悉用户最需要什么，投其所好是关键。

　　举一个例子，某运营者在刚开始做课程时，第一个目标是想要完成在当时几乎大多数自媒体短视频运营课程都没有解决的问题：如何真正帮助用户实现变现。即当时所有的自媒体运营课程几乎都在教运营者如何获取流量，但并未教运营者如何真正变现，实现商业价值。

　　所以这位运营者的课程聚焦于很多后端运营，比如账号应该如何搭建，个人品牌如何打造，怎么将公域流量转化成自己的私域流量等，这样一套课程则更加完整、体系化，既包含前期如何获取流量，又手把手教运营者真正实现变现，使得这位运营者的课程形成了一个完整的闭环。结果表明，这套课程深受运营者的喜爱。

　　这套课程成功的背后，是因为他在前期开发课程的过程中运用了以上两种方式搜集问题。一是通过找竞品的方式，搜集了市面上做得好的课程内容包含哪些方面，完善了自己的课程体系。二是通过网上搜集的方式，洞悉了当时自媒体运营者的"痛点"，给予了他们最需要的答案，帮他们突破了困境。

　　在此过程中，值得运营者注意的是，不要认为通过网络搜索到的很多问题就没有价值，是否找到大众的"痛点"，决定了课程的价值。

总而言之，在对标同行的基础之上，一定要关注市场上大众最关心的问题。通过他们的问题细化自己的课程，做到"人无我有，人有我优"。

❷ 挖掘深层次问题，逐一解决

通过第一阶段的搜集，了解大众关注的问题后，运营者需要不断加以挖掘和分析。因为其中最重要的一点是，大众所关心的问题有可能只是问题的表象，冰山一角，若不挖掘出问题背后更深层次的原因，也只能停留在表面去处理问题。问题也很难得到真正的解决，所制作出的课程也很难满足用户的要求。

就像某企业发现业绩下滑，便不断加重员工的KPI①，而不考虑业绩下滑这一现象背后深层次的原因，如市场因素、政策因素等，最终结果显而易见是没有办法达到自己的目的的。

同时，在深层次挖掘问题逐一解决后，运营者需要在制作课程的过程中加以区分，形成培训区和非培训区两个区域。培训区旨在为用户提供标准化的方案，如问题背后的底层逻辑和发展规律。非培训区旨在提供个性化的解决方案。

虽然运营者需要手把手教大众解决问题，但有些问题是可以提供标准化的解决方案的，而有些问题极具个性化，无法同一而论，自然

---

① 关键绩效指标（KPI：Key Performance Indicator）是通过对组织内部流程的输入端、输出端的关键参数进行设置、取样、计算、分析，衡量流程绩效的一种目标式量化管理指标，是把企业的战略目标分解为可操作的工作目标的工具，是企业绩效管理的基础。

也无法完全标准化,这便是制作课程时划分培训区和非培训区的原因。

所以,第一个区域,培训区,能够解决的问题是基础的刚性知识。通常情况下,一般社群课程里都会讲到每个平台的底层逻辑以及这个平台的基本算法,所以所有用户从中学到的内容都是一样的,这个也是完全能够标准化去培训的。

第二个区域,非培训区,解决的便是人的态度以及认知及技能各方面的差距所产生的问题,这就需要个性化地去解决。在这个过程中便需要罗列出几个维度的问题去教用户提高认知,如表 6-3 所示。

表 6-3　非培训区个性化问题

非培训区个性化 问题	什么问题是最关键的?
	什么问题是急需解决的?
	什么问题是经常会发生的,而前人都是屡屡"踩坑"的?
	什么问题是时间维度的?
	什么问题是空间维度的?

以"从 0 到 1 如何打造一个小红书爆款 IP"课程思路为例,对以上非培训区个性化问题进行阐释。

第一,什么问题是最关键的?例如,在做个人品牌的过程中心态是最关键的。因为对于普通人来说,总是会苦恼于发了一两个视频又没有数据,便十分悲观,或者是还没有发视频就不断给自己的心态设限,认为市面上做这个事情的人太多了,发现自己根本没有竞争力。可即使是如今十分有影响力的品牌,他们也是一路从零经验走过来的,是一个不断积累经验的过程,所以在这个环节笔者会着重强调心态的问题。

第二,什么问题是急需解决的?这堂课急需解决的问题是:我们每个人在做账号前必须认真跑市场,在每个平台上关注同行和竞品。做到有市场依据，有参考依据，而不是盲目去做。

第三，什么问题是经常会发生而前人都是屡屡"踩坑"的？对于大多数人而言，心态不稳定，又不想搭建后台，也不想分析竞品，还会觉得前提调研是在浪费时间，这便是很多人屡屡"踩坑"的原因。

第四，什么问题是时间维度的？在这个问题上笔者会着重强调时间，正常一个品牌成长的时间是 3~4 个月，这个时间是用来成长和沉淀的。

第五，什么问题是空间维度的？这个问题旨在让用户了解做任何事情都不是单一层面的，而是多维度的。比如，很多人想要做线上轻资产创业，无论是拍短视频，还是写小红书笔记或者是写知乎文章，它只是这个过程中的一部分，想真正实现商业价值，必须懂得整个 SOP①，包括从前端流量开发到后端的朋友圈搭建、公众号搭建乃至更深层次的营销体系。假设这件事情在第一时间没有阐述清楚，会让用户认为这件事非常简单，要求运营者直接告知答案，那么对于专业的人来说，便是一个十分头疼的问题。

以上五个问题，对课程开发者提出了较高的要求。这是由互联网知识产品的属性决定的。互联网知识产品继承了很多产品的半产品属性。什么是"半产品"呢？其实就是指听完课不可能立即就会用，需要大量实践，遇到问题，拆解问题。这也要求课程开发者掌握后再去开发制作课程，便能更好地指导课程设计、制作。

通过以上步骤制作出课程，便可以实现变现。

① 所谓 SOP，是 Standard Operating Procedure 三个单词中首字母的大写，即标准作业程序，是指将某一事件的标准操作步骤和要求以统一的格式描述出来，用于指导和规范日常的工作。

❸ 小红书课程教学直播

小红书上的课程教学模式为直播形式。这里直播首先需要官方内部邀请，进而获得权限后便可以依据小红书官方程序进行直播预告，在个人界面中便会出现购买链接，进而在预定时间内进行课程直播，实现变现。

图6-10为经小红书平台认证的教育博主"卢战卡"在小红书平台进行课程教学的直播画面。

图6-10　"卢战卡"在小红书平台进行课程教学直播页面

虽然需要受小红书平台内部邀请才能进行知识付费课程直播，但这也启示小红书账号的运营者，打造好个人品牌，在某一专业领域内进行垂直深耕，是实现商业变现的必经之路。而这也是笔者在前面章节都在阐释的具体方法。

 ### 6.3.2　付费咨询

从本质上来说，线上教学课程、付费咨询的逻辑都是相通的，它们变现的关键都在于"能否抓住大众的'痛点'"。换句话说，要想将知识变现，我们首先要学会入手找"痛点"。而"痛点"就是人们最困惑，且迫切想解决，或迫切想知道的事情。

运营者在小红书平台上进行付费咨询仍需要基于平台的用户属性做设计，在帮助用户有效解决问题的同时，给予用户高品质的服务体验。目前，小红书平台上的付费咨询主要聚焦在情感咨询、投资理财咨询、时尚搭配咨询等领域。

付费咨询极其考验个人的影响力，对于前期个人品牌的打造、深耕的专业领域有极高的要求。运营者可以通过以下步骤实现付费咨询。

第一步：选择自己擅长的领域，前期做大量铺垫，打造个人及团队的专业度，吸收种子用户。

第二步：持续更新，在自己擅长且专业的领域不断做垂直深耕，在吸收新用户的同时增加用户的黏性。

第三步：在用户积累到一定数量后，进行有偿服务。在小红书个人账号下可设置商品链接，一对一提供咨询服务。

比如，某情感类博主，在运营初期，会不断通过视频的方式分享情感金句，针对某些"痛点"运用心理学、社会学的知识进行深刻、理性的分析，并引导用户在账号下留言，接着便在用户评论下进行答疑。前期不断铺垫、深耕，很快便打造了专业情感博主的个人品牌，之后开始提供有偿服务。

无论是课程教学还是付费咨询都与前期账号的经营息息相关，做好前期账号的运营，变现便是水到渠成的事。

6.4　企业变现：低成本的变现方式

在当前这个"流量为王"的互联网时代，很多企业尤其是初创企业都面临着一些共同的难题，比如流量曝光低、获客成本高、销售渠道少等。

在一定程度上，流量和销量是成正比的，没有流量就意味着没有销量，没有销量带来的结果就是企业无法向前发展，要么停滞不前，要么关门大吉。伴随着互联网的发展，这些企业为了抢占更多的流量，纷纷将目光瞄准了社交媒体平台，开始围绕着社交媒体平台进行一系列的广告营销布局。

小红书平台坐拥超 1 亿名高价值的月活用户，并且其用户整体呈现出年轻化、购买力强、喜好多元化的特点，因此小红书成了很多企业广告营销的首选阵地。

而小红书也的确不负众望，它依靠着日益强大的流量池效应和独创的"种草"营销玩法，成功助推了很多品牌，其中最为典型的当属国货美妆品牌"完美日记"了。靠着在小红书平台营销，"完美日记"的母公司广州市逸仙电子商务公司（简称"逸仙电商"）在创立仅四年的情况下就在美国纽约证券交易所成功上市，成了国内首个在美股上市的美妆集团。

逸仙电商的联合创始人黄锦峰曾在多个公开场合表示，如果没有小红书的助推，"完美日记"不可能有现在的发展，更不可能在这么短的时间内就成功上市。

事实上，不只是"完美日记"，这些年小红书还助推了非常多的新品牌，比如护肤品牌"谷雨"、运营品牌"MAIA ACTIVE"、精品咖啡品牌"三顿半"等，这些新品牌因为获得了小红书平台的助力，不仅知名度得到了很大的提升，销量也呈现出飞速增长的态势。

但是需要注意的一点是，并不是所有的企业进驻小红书平台后都能实现飞速发展，要想利用小红书平台精准引流，实现商业变现，企业运营者还必须了解以下内容。

6.4.1　企业变现的战略布局

前文有提到打造矩阵账号对于新媒体运营来说是非常有帮助的，对于企业账号来说又何尝不是呢？一方面可以实现全方位的引流，另一方面还能在一定程度上规避风险。

在业内针对企业账号的营销有一个比较著名的"3+2法则"，具体是什么意思呢？简单来说就是企业运营者要开通各种不同类型的账号来帮助品牌进行引流。所谓"3"指的就是企业除了可以在小红书平台上开通官方号之外，还可以开通员工号、个人号。而"2"指的则是具体的运营方法。下面将对此进行详细介绍。

❶ 企业可开通的账号类型

企业除了可以开通官方号之外，还可以开通员工号和个人号来与之进行配合。

（1）官方号——直截了当

顾名思义，官方号就是以企业本身作为主体在后台进行专业号中的企业账号认证，在之后创作内容时也要以官方的身份来撰写笔记内容，具体的内容方向可以根据企业、品牌的调性进行选择，但是站位一定要是企业本身，不能偏离。

比如"雅诗兰黛"的官方账号走的就是"科普＋广告"的形式。作为护肤品牌，运营者在创作内容时选择了很多女性都比较关注的关于护肤的小知识为切入点，在科普相关知识的过程中融入自己的产品，将二者进行结合，巧妙地提高产品对用户的影响，促进变现。

图 6-11 所示为"雅诗兰黛"官方账号的主页截图。

图 6-11　"雅诗兰黛"官方账号主页截图

官方账号在选定内容方向时要事先确定好官方号存在的目的，是为了吸粉还是为了展示官方的正能量形象，抑或是为了进行商品宣传。

不过笔者要提醒各位运营者的是，如果官方账号只是单纯展示企业的形象，最终的变现效果也会略差一些。

（2）员工号——内部展示

众人所熟知的国货美妆品牌"完美日记"之所以选择小红书平台作为自己的营销重镇，就是因为该公司的员工无意识地在小红书上分享了"完美日记"旗下的产品，没想到受到了很多用户的欢迎，品牌高层因此看到了小红书平台的发展机遇，所以才选择投放大量的广告到小红书平台。

所以员工号也是企业运营者布局时可以选择的一个方向，企业员工以内部人员的视角向广大用户展示企业内部最真实的一面，非常能够吸引用户的兴趣。

比如小红书博主"橙大壮"就是作为奶茶品牌"一点点"内部员工的角色而存在，平时发布的作品也都是和"一点点"奶茶有关的内容，通过笔记告诉用户"一点点"奶茶的隐藏搭配方式，吸引用户到线下的门店购买奶茶。

图 6-12 为博主"橙大壮"的主页截图。

员工号可以由员工本人进行注册，也可以由企业直接设置，如果是员工本人注册的，企业还应注意其发布的内容，以免影响到企业的形象。

图 6-12　博主"橙大壮"账号的主页截图

（3）个人号——旁敲侧击

个人号看似和企业没有关系，实则其中暗藏玄机，因为个人号实际上就是由企业孵化出来的，主要打造人设账号，当人设打造成功之后，该账号形成巨大的个人影响力，就可以在平台上发布和品牌有关的内容了。

这种方式可以很好地为企业进行引流，而且这种个人号是可以批量复制的，当平台上这样的个人号足够多，对于企业的加成作用就越大。

所以，运营者除了要会运营官方账号之外，还要学会打造更多与官方账号相配合的个人账号，全方位地为企业品牌引流。

以上是"3+2 法则"中的"3"，如果没有后面的"2"的话，"3"就只能独立存在。"2"指的是将以上提到的 3 种类型的账号结合起来的方法。

那么如何将这几种矩阵账号结合起来呢？

❷ 运营方法

想要将这些矩阵账号结合起来其实并不难，具体运营方法如下。

（1）精细分工

如果条件允许的话，一个品牌可以在小红书平台上开通 2~3 个官方号，将每个账号的具体功能区别开来。比如一个账号只发布产品介绍，另一个账号只针对行业知识进行科普，二者互相独立但又相互连接，并且账号还不会因为营销过度遭到用户的反感。

除了官方号，企业可以配置更多的员工号和个人号，通常情况下 1 个官方号可以配备 2~3 个员工号和个人号，员工号和个人号在笔记中发布和品牌相关的内容，不同的账号可以发布不同的内容。比如有的员工号可以发布优惠的下单方式，有的员工号可以分享他们在工作时的趣事。

至于个人号，可以发布的内容就更多了，任何角度都可以作为个人号的切入点，不过需要注意的是，个人号的营销不可过于明显，否则很容易被平台认定为营销号，降低账号的权重，而其中多次提及的企业也保不齐会受到一定的影响。所以，个人号在发布内容时，和企业有关和无关的内容要相互穿插着来，这样吸引到的粉丝也更多一些。

（2）内容批量打造

这些矩阵账号除了要进行精细分工之外，要想效果最大化，还应格外注意内容的配合，最好是几篇笔记同时发布，同时段进入推荐界面，在用户前面获得曝光的概率就会更大一些。

运营者不要过于担忧一时之间难以产出众多形式不同但指向一样的笔记。实际上，内容输出是有模板的，无论是标题、首图、图文、文案，还是视频笔记的开头和结尾，都是有一定的创作技巧的，学会了之后是可以融会贯通的。

当这些笔记同时发布，爆款笔记诞生的概率也会大大增加，引流效果也会更好。最重要的是，创作笔记的边际成本会降低，对于企业来说，成本降低也是实现变现的一个方面。所以，企业运营者在发布内容时要注意这些矩阵账号之间的协调性，让这些账号的效果能够发挥到最大。

6.4.2　广告投放的策略

企业要想通过小红书平台实现变现，首先要做的是在小红书平台上打开知名度，而迅速打开知名度的最快的方式便是进行广告投放，像"完美日记"那样，全方位、无死角地在平台上投放各种广告，打开知名度后迅速将流量引到其主销平台天猫上，很快就实现了销量的全面突破，完成了上市的目标。

通过对"完美日记"的分析，不难得出它最初采用的是大面积投放 KOL 的方式。除了投放 KOL，企业进行广告投放还有哪些账号可以选择呢？

❶ 广告投放的模型

就平台目前的发展状况来说，一家企业想要投放广告有达人号和素人号这两种大类可以选择。

（1）素人号：铺量霸屏、加大曝光

所谓"素人号"[①] 指的就是粉丝数量比较少、影响力较小的个人账号，因其成本低成了很多企业在进行广告投放时的首选。

投放素人广告，一方面可以产生"霸屏"的效果，能够在加大品牌曝光的同时强化用户的印象，让用户对品牌的印象深刻，对于品牌旗下的商品印象也会更深刻一些；另一方面，由于小红书本身的"种草"属性，当用户通过搜索功能查找相关攻略或是产品时，在相同或相似关键词下，某品牌与之相关的笔记越多，就越能够显示在搜索结果的前列。而如果笔记内容较为优质的话，是能够对用户起到引导作用的，说不定就能影响到用户的消费决策，吸引用户购买商品。

举一个例子，某用户在搜索框输入"黄皮口红"后，在结果反馈界面会出现很多口红的推荐，如果该用户在界面中点击了某篇笔记，并成功"种草"了某一款口红，然后在小红书平台或其他购买渠道进行购买，那么这篇笔记就达到了它应该达到的最大效果。

即便不能为企业带来实际的变现收入，通过素人账号铺量的形式，都能保证自己旗下的商品能够出现在前列。

（2）KOL 号："种草"圈粉、带货变现

所谓"KOL 号"和很多人所熟知的达人号其实是一样的，是指拥有较多粉丝，个人影响力较大的那一类账号。在小红书平台上，KOL 号又可以分为头部 KOL[②]、中腰部 KOL[③]、尾部 KOL[④] 和明

---

① 素人：粉丝数小于 0.5 万名的小红书账号。

② 头部 KOL：粉丝数大于 50 万名的小红书账号。

③ 中腰部 KOL：粉丝数介于 5 万至 50 万名之间的小红书账号。

④ 尾部 KOL：也可称为初级达人，是指粉丝数介于 0.5 万至 5 万名之间的小红书账号。

星四种层级。

首先，尾部 KOL 其实和素人号比较类似，不过因为这一类账号的粉丝数量较素人号稍多，所带来的实际转化效果还是有一定区别的。通常企业布局尾部 KOL 可以尽量以真实体验类的笔记为主，如《12 款小家电使用感受，你会选择哪一款呢？》等。

其次，中腰部 KOL 因为拥有的粉丝数量较多，个人影响力较大，所推荐的产品会有更多的用户愿意为之"买单"。通常企业与这一类型的账号进行合作，可以选择引导性稍微强一点的方式，比如《混油皮亲妈，你爱了吗？》等。

最后，头部 KOL，这一类账号在平台上拥有较多数量的粉丝，在这一类账号中出现的商品转化率是非常高的，不管是高端还是平价的商品，在头部 KOL 的笔记内容中出现，对于商品的销量来说都是非常有帮助的，不过其报价自然就会高一些。

除了这三种层级的 KOL，小红书平台上还有另一种群体的存在，那就是明星。明星的带动作用是非常明显的。举一个例子，2021 年上半年明星尹正在平台上发布关于减肥的笔记，一时之间受到了很多人的欢迎，"尹正焖菜"这一话题更是火爆全网，很多品牌也借着这一波热度找到了尹正，邀请他为自己的商品做宣传，其中最典型的当属酵素品牌"BIO-E"了，因其产品定位刚好与健身、健康有关，结合此前被炒热的减肥话题，品牌知名度瞬间被打开。就拿"白芸豆阻断剂"这一款产品来说，因为有明星背书，在其品牌的天猫店铺，该商品一下跃升为店铺热销第一名。

由上述内容，就可以对企业进行广告投放的模型进行总结，如图 6-13 所示。

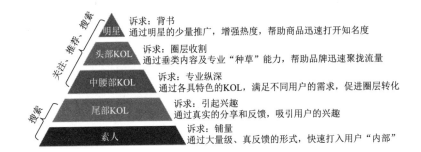

图 6-13　企业进行广告投放的模型

　　企业运营者可以借鉴这一模型来进行战略布局，以更少的投入获得更大的收益。除了明确广告投放的模型外，企业运营者还应对投放时的误区进行了解。

❷ 广告投放的注意事项

　　小红书平台的月活用户人数已经过亿，几乎每天平台上都在上演着流量抢占大戏，很多企业对于广告投放也变得越来越谨慎了，生怕因为某一些原因选错了合作对象，导致成本增加，转化降低。

　　但即便如此，还是有一些企业在投放广告的过程中频频"踩雷"，比较常见的有以下三种情况。

　　（1）忽视平台的整体趋势

　　很多企业在对合作对象进行评估时，只考虑 KOL 本身的数据，而忽视了近期小红书平台变动的整体趋势。

　　举个例子，如果某一个垂直品类的热度在小红书平台上是呈下降趋势的，这时候相关企业即便找到体量较大的 KOL 来合作，最终的效果都不会太好。

　　简单来说，企业在投放广告时，除了要对合作对象进行评估之外，还应对平台的整体发展状况进行分析，找到最合适的投放广告的时机。具体可以借助站外数据分析平台，如千瓜数据、新榜等。

（2）使用没有数据支撑的 KOL 榜单

上述谈到有的企业过于注重对 KOL 的分析而忽视了对平台整体发展趋势的分析，其实平台上还有很多企业图省事，在找寻合作的 KOL 时，会直接从某榜单中进行挑选。

在投入大量的时间和精力之后，发现该 KOL 并没有表现出与其体量相匹配的带货能力，到头来几乎是"竹篮打水一场空"。

企业在寻找、确定合作对象时的确可以参考某榜单，但是不能以该榜单作为唯一的选择标准，还需要多维度去评判 KOL 的"种草"以及带货的能力，例如一段时间内新增点赞和收藏的数量、粉丝的数量等。另外，即便参考榜单数据也应该多查阅几个榜单，从日、周、月的层次，由点到线去分析该 KOL 的发展趋势。

只有这样，才能更大程度上保证 KOL 的实际转化效果，才能为企业带来切实的收入。

（3）只看数据而忽视内容

除了上述两种情况之外，还有一部分企业在确定完合作的 KOL 人选之后，就当起了"甩手掌柜"，对其采用何种形式发布笔记，商品以什么样的形式出现在笔记中都全然不管，只是到头来发现转化没有达到自己的预期就换一个 KOL 合作。

如果企业只做到这一步的话，纵使换上几个、几十个 KOL，最终的转化效果都不会太好。因为平台上要想创作出一篇能够带来高转化的"种草"笔记是需要耗费大量的时间和精力，并精雕细琢的，并不是有一定体量的 KOL 发布什么内容，粉丝都会买账。

所以在选定合作对象之后，企业还应对后续的合作事宜进行跟进，比如标题怎么埋关键词引流，正文部分有哪些词不能出现，图片选用哪种风格等。

　　企业和 KOL 合作，应当是双方共同努力为企业的某款商品带来转化，使得合作双方达到双赢。

　　以上便是企业在小红书平台实现商业变现的方法和技巧，不同的企业采用的方式可能不一样，具体还需要企业根据自身的运营情况来进行选择。

后　记

　　2021年8月2日，小红书官方毫无征兆地提出了"号店一体"机制，还取消了实行不到一年的"外链"机制。这让很多小红书账号的运营者感到措手不及，纷纷抱怨小红书平台的规则未免变化得太快，好不容易摸清了一点门道，还没有好好施展一番就已然没有了用武之地。

　　不过也有人很快反应过来，这一系列的调整、改变，对于小红书账号的运营者来说是非常有利的，不仅降低了运营门槛，连商业闭环都为运营者打造好了。

　　这让运营者们大为欣喜，可欣喜之后运营者们该如何利用好这一发展机遇呢？很多学员找到我，希望我能将平时发布在平台上的那些零散的内容进行整理，这样可能更便于他们进行查看和学习。

　　正当我犹豫之时，恰好我接到了小红书官方的邀请，索性我就在平台上开通了自己的直播课程，在直播间系统地教学员们如何运营好小红书账号。他们有什么问题也可以在评论区直接提问，我都会一一进行解答。

　　几次直播课下来，学员们的反馈都还不错，他们认为直播课的形式比起以前翻阅我的视频笔记去查看相关内容效果更加直接一些，希望我能够将直播课程排得更密集一些。

　　其实做自媒体这些年，我也是从"小白"一路摸爬滚打过来的，我深知这条路的艰难和辛苦，付出和回报不成正比是常有的事。刚开始从事这行的时候，我就特别希望能有一位前辈带带我，给我传授一点相关经验，无奈那时候身边的人都处于"摸着石头过河"的状态，并没有人能够为我提供一些切实可行的帮助。

老实说，我确实走了很多弯路，也曾深夜痛哭过。所以当我有了一定的经验和方法之后，我也非常乐于将我所知道的经验和方法告知更多的人，希望帮助他们切切实实地赚到钱。

不过个人精力确实有限，所以很多时候面对学员殷切的希望，我不得不委婉拒绝。可是当他们一次次来找我时，我又实在不忍心他们带着失落离开。

这个问题困扰了我许久，一方面我不想辜负学员对我的信任，另一方面我又确实没有时间和精力，我想找到一个可以很好地平衡二者的方式，但我实在无能为力。一番思索之后我选择了求助身边的朋友，一位同样拥有多年运营经验的朋友对我说："这有什么难的，你写一本书不就行了，书是最为系统和直观的学习资料，而且不受时间和地点的限制。"

一句话，让我醍醐灌顶。于是我开始筹划相关事宜，整理资料、协调课程时间、联系出版社等，经过三个多月的时间，这本书终于有了雏形。

我看着打印出来的初稿，内心的喜悦之情早就难以名状。尽管在写作的过程中我遇到了非常多的难题，但一想到这本书出版之后能够让更多的人弄清楚小红书账号运营的具体规则和操作方法，这些难题自然都不算什么了。

我非常感谢学员的信任，也的确是真诚地想要分享我所积累的经验和技巧。但和其他互联网平台一样，小红书是一个不断变化着的平台，随着它的发展，书中的部分内容可能会和你当前所看到的界面有一定的区别，有一些方法也将不再适用，所以请大家在阅读本书时要结合小红书平台的规则和运营的实际情况来调整运营策略。

　　另外，在本书的写作过程中，我得到了很多学员的鼓励，也得到了很多朋友的关怀和支持，在此一并表示衷心的感谢。

　　希望本书能对你有所帮助！也祝愿你在小红书平台实现愿望！